CB129191

O COLAPSO DA MODERNIDADE BRASILEIRA

e uma proposta alternativa

CRISTOVAM BUARQUE

O COLAPSO DA MODERNIDADE BRASILEIRA

e uma proposta alternativa

5ª Edição

Com a colaboração de: Aldo Paviani, Austregésilo Spíndola, Carmen Soriano Puig, José Walter Bautista Vidal, Jorge Panazio, Leandro Amaral, Nielsen de Paula Pires, Teresa Cristina Brandão e Valmir Pontes.

PAZ E TERRA

© Cristovam Buarque

Capa e aquarela Pinky Wainer

Copydesk Mario Rogério Q. Moraes

Revisão Agnaldo Alves de Oliveira
Rita de Cássia S. Silva

Dados de catalogação na Publicação Internacional (CIP)
(Câmara Brasileira do Livro, SP, Brasil)

Buarque, Cristovam.
O colapso da modernidade brasileira e uma proposta alternativa / Cristovam Buarque ; com a colaboração de Aldo Paviani ... [et al.]. — Rio de Janeiro : Paz e Terra, 1991.

1. Brasil - Condições econômicas - 1990 - 2. Brasil - Política econômica 3. Desenvolvimento econômico - Aspectos sociais 4. Desenvolvimento econômico - Filosofia I. Paviani, Aldo. II. Título.

CDD-338.9
-330.98109
-338.9001
-338.981

91-0498

Índices para catálogo sistemático:

1. Brasil : Condições econômicas, 1990- 330.98109
2. Brasil : Política econômica 338.981
3. Desenvolvimento econômico : Aspectos sociais 338.9
4. Desenvolvimento econômico : Filosofia 338.9001

Direitos adquiridos pela
EDITORA PAZ E TERRA S/A
Rua do Triunfo, 177
01212 — São Paulo, SP
Tel.: (011) 223-6522
Rua São José, 90 — 11º andar
20010 — Rio de Janeiro, RJ
Tel.: (021) 221-4066

1998

Impresso no Brasil/*Printed in Brazil*

Para o menino-de-rua que disse:
"Um dia o Brasil vai ser legal".
E para os que acreditam e
lutam por isso.

ÍNDICE

AGRADECIMENTOS

Este texto seria impossível sem a participação de todos que de uma forma ou outra participaram das reuniões do NEB — Núcleo de Estudos do Brasil Contemporâneo, do Centro de Estudos Avançados Multidisciplinares da UNB. Cabe, entretanto, separá-los em três grupos: aqueles que participaram dos debates da primeira minuta preparada pelo coordenador, aqueles que deram contribuições sem um envolvimento maior e aqueles que ao longo dos últimos anos participaram regularmente das reuniões do Núcleo.

Participaram do debate e reelaboração: Aldo Paviani, Austregésilo Spíndola, Carmen Soriano Puig, José Walter Bautista Vidal, Jorge Panazio, Leandro Amaral, Nielsen de Paula Pires, Teresa Cristina Brandão e Valmir Pontes.

Além desses, colaboraram Adriano Amaral, Elimar Nascimento, Hélio Doyle, Luiz Fernando Victor, Maria de Lourdes Rollemberg Mollo.

Também são participantes do NEB: Benício Schmidt, Deodato Rivera, Ernane Pinheiro, Evandro Paranaguá, Geraldo da Rocha Moraes, Gladys Buarque, Ivônio Barros, João Gilberto Lucas Coelho, José Artur Padilha, José Geraldo de Souza, José Roberto Arruda, Luis Alberto Moniz Bandeira, Maria Catarina Machado de Freitas, Mario Tinôco, Paulo Guimarães, Sergio Salvo Brito, Teotônio dos Santos, Uldurico Pinto e Vitória Leite.

PREFÁCIO

O discurso da moda tem assumido que as ideologias morreram, que é preciso retomar a modernização e que o primeiro passo está em medidas emergenciais.

O presente texto rompe com esses três mitos.

Não se prende aos problemas emergenciais, porque considera que eles não serão solucionados se vistos no curto prazo, sem um projeto histórico para o futuro do país. Assume postura de uma clara opção ideológica, onde se procura definir o próprio conceito de modernidade. Para isto, procura desmistificar o modernismo apresentado por alguns dos mais arcaicos políticos e economistas brasileiros, comprometidos com todo o desastre social implantado nas últimas décadas.

Essas idéias estavam, basicamente, incluídas no livro *A Desordem do Progresso — O fim da era dos economistas e a construção do futuro*, da Paz e Terra. Em comum acordo com os editores, esta parte foi retirada, preferindo-se sua apresentação independente.

Nos últimos meses elas serviram de base a diversas discussões no Núcleo de Estudos do Brasil Contemporâneo do CEAM/UNB. O Núcleo reúne um grupo de pessoas que há dois anos discute os rumos para o futuro do Brasil. Com a participação de pessoas de diferentes formações profissionais, vínculos sociais e posições políticas, o grupo evitou ficar prisioneiro dos problemas conjunturais e debateu, especulou e imaginou caminhos para a construção do futuro do país.

Apesar das discordâncias e das incertezas, esses debates criaram um acervo de posições que puderam ser consolidadas neste texto. Ele não reflete uma identidade absoluta do grupo; nem cada autor, salvo o coordenador, sente-se comprometido com a totalidade do exposto. De certa forma, o próprio título já identifica discordâncias, uma vez que alguns reagem ao uso da idéia de modernidade como sendo um objetivo do projeto nacional. Crêem que a palavra "moderno" já está demasiadamente comprometida com o caos e a perversidade do atual modelo. Enquanto que outros, compartindo a crítica da realidade que se identifica como a idéia de moderno, preferiram assumir que estamos vivendo um tipo de modernidade, e que a palavra deve se prestar apenas a identificar a posição cronológica na história. No conjunto, estamos de acordo que o futuro do Brasil não pode ficar preso a problemas de semântica e que os debates serão aprimorados se levados a um público maior.

É com esse objetivo que publicamos estas idéias. A intenção é provocar uma ampliação do debate sem as amarras da conjuntura. Buscar uma idéia do tipo de futuro que o Brasil deseja e pode realizar.

Com a publicação iniciamos uma segunda etapa do trabalho, que é procurar detalhar cada um dos temas aqui apresentados, e outros que surjam. Para isso convidamos os interessados a enviarem suas posições ou participarem diretamente dos debates do Núcleo de Estudos do Brasil Contemporâneo. Esperamos que, no prazo de um ano, outros textos possam seguir a este.

Cristovam Buarque
Coordenador do NEB

A MISÉRIA DA MODERNIZAÇÃO

Há cem anos a economia brasileira vem crescendo. Com exceção de alguns anos, o país manteve taxas de crescimento entre as maiores do mundo. Isto significa que, durante um século, o Brasil percorreu o caminho da modernização com velocidade superior aos demais países.

Como um dos resultados dessa modernização, em cada mil brasileiros que nascem vivos, cerca de noventa morrem antes de cinco anos de idade, por fome ou doenças endêmicas. Dos sobreviventes, quase cento e vinte são excluídos desde a infância, sobreviverão marginalizados nas ruas, jamais entrarão em uma escola, não serão beneficiados nem úteis socialmente. Das setecentas e noventa que restam, quinhentas não concluirão as quatro primeiras séries de estudo. Cento e cinqüenta não concluirão as quatro séries seguintes do primeiro grau. Apenas cento e quarenta conseguirão passar para o segundo grau. Cem anos depois de um contínuo e intenso processo de crescimento econômico, cada mil brasileiros que nascem, apenas noventa atravessam as dificuldades de sobreviver e são educados até o final do segundo grau.

Esse é apenas um dos lados da maldita pirâmide de miséria da modernização.

Quase cem milhões de pessoas vivem na pobreza. Destas, quase 60 milhões sobrevivem em condições de miséria, e nada menos do que 20 milhões em total indigência. A quase totalidade dessa população sofrerá de doenças abolidas em quase todo o mundo, lepra, dengue, esquistossomose, tuberculose, Chagas, e outras produzidas por falta de higiene, de atendimento médico ou do mínimo nutricional.

Há dez mil anos, o homem descobriu o potencial de cultivar a terra, e deu seu primeiro passo de modernização, criando uma sociedade sedentária. Passados cem séculos, o Brasil tem 60 milhões de habitantes sem endereço: vagueiam pelas ruas onde vivem e morrem, moram em casas vulneráveis à primeira chuva ou à próxima especulação imobiliária.

Não é apenas no nível social que a situação é dramática. Passados cem anos de modernização, a economia, a cultura e a sociedade do Brasil tiveram agravados seus graus de dependência e subserviência às grandes metrópoles do século passado. A cada ano, só para pagar os juros da dívida, é necessário exportar, sem qualquer retorno, o produto do trabalho de três milhões de brasileiros. Número duas vezes superior à população de escravos, cem anos atrás, no momento da Abolição. A moeda brasileira, como padrão de medida e estabilidade das relações econômicas, nunca esteve tão aviltada quanto depois de um século de modernização. A terra brasileira apresenta um quadro de calamidade generalizada: suas florestas destruídas ou em rápido processo de destruição, suas águas e praias poluídas, suas reservas minerais depredadas. A infra-estrutura científica e tecnológica, construída com grandes sacrifícios, começa a ruir. O sistema financeiro sobrevive em um instável equilíbrio. Os bancos estatais, federais e estaduais, mesmo os mais tradicionais, estão à beira do desastre. As empresas estatais estão gravemente inadimplentes, prisioneiras de um Estado que as manipulou e de um corporativismo que não as vê na sua dimensão pública. O Estado em dívida com o público ao qual nunca serviu, com seus funcionários, com as empresas que dele se locupletaram, com os bancos, com o exterior; desmoralizado por todos os setores da sociedade.

A miséria da modernização é ainda mais perversa e agravada pela desigualdade que faz conviver, diante da indiferença, o acinte do maior luxo ao lado da mais gritante pobreza. Cem anos de modernização deixam o Brasil mais dividido, com classes mais apartadas do que quando sua sociedade tinha escravos e senhores.

Depois de todo esforço modernizador, a consciência e o ânimo da população brasileira atingiram o mais baixo nível: falta de um sentimento nacional, perda de auto-estima, desconfiança generalizada em relação ao país, aos seus dirigentes de todas as tendências políticas e a todas as suas instituições. Aumento da prática do individualismo, do oportunismo, do descompromisso social e do vandalismo. Mais grave que tudo isso: sem remorsos, a elite convive e usufrui de seus privilégios, ao lado da mais gritante miséria que não vê, tenta esconder ou justificar pondo a culpa nos pobres. Não se inquieta com o assassinato de duas crianças por dia. Com o total de quinhentas mil adolescentes obrigadas a sobreviver pela prostituição. Não fosse a violência que a atinge diretamente nos últimos anos, as doenças que atravessam o muro da pobreza, como a AIDS, a elite viveria serenamente no meio de uma miséria que não lhe toca, como se fosse em um outro país atrasado, enquanto o seu é moderno.

Nunca o Brasil, e raramente um outro país, esteve submetido a tal desprezo e desconfiança das demais nações: pela destruição do meio ambiente, pelo assassinato de crianças, pelo acinte da riqueza ao lado da pobreza, pela corrupção dos quadros dirigentes, pela manipulação política, pela violência generalizada.

Um século de êxito no caminho do progresso foram cem anos de agravamento da miséria e de enfraquecimento do tecido social brasileiro.

O Brasil mostra uma qualidade de vida pior à dos mais pobres países do mundo: violência sob todas as formas, mortalidade infantil, desnutrição, baixo nível de escolaridade, péssimas condições habitacionais, elevado grau de endividamento, aviltamento monetário, desarticulação social, corrupção, amplo processo de prostituição de todos os tipos, inclusive infantil, falta de solidariedade nacional, vandalismo, falta de confiança no futuro.

A quase totalidade da população na miséria, e uma minoria rica, assustada. Uma sociedade violenta, instável em todos os aspectos.

A pobreza não é um fenômeno novo. Mas agora ela é fabricada, como conseqüência das decisões de modernização. A crise urbana foi induzida pela ênfase na industrialização; a modernização agrícola agravou a fome; a desigualdade social deriva das decisões econômicas para viabilizar a modernização.

Passados cem anos, a modernização se apresenta como uma fábrica de miséria. Um fator de incremento da desigualdade e da insatisfação. Como a maior parte dos países da América Latina, o Brasil tem hoje mais fome, pior educação, mais crianças abandonadas, menos confiança no futuro, maior desigualdade do que há trinta anos.

A MODERNIZAÇÃO DA RIQUEZA

O descontentamento com a situação faz da modernização o tema central do debate sobre o futuro do Brasil. Impossibilitadas de camuflar a realidade, as classes dirigentes propõem mudar os meios para continuar a mesma modernização produtora de miséria.

Apresentam os condomínios fechados como símbolo da modernização contra a violência urbana. Esquecendo que os condomínios já existiam na Idade Média, sob a forma das muralhas dos castelos, onde os nobres viviam protegidos da miséria dos que não lhes serviam diretamente. Modernizam a engenharia para não modernizar a sociedade. Não consideram que uma sociedade sem necessidade de muralhas para separar as classes e castas e guetos em blocos apartados pode ser um símbolo mais contemporâneo de modernidade do que a construção dos condomínios. Defendem uma solução técnica aparentemente nova para o problema da desigualdade fabricada pela modernização.

Continuam na modernidade arcaica. Com uma indústria que só dispõe de mercado se a renda for concentrada para viabilizar a demanda; uma agricultura eficiente, mas voltada para a exportação, em um país onde 380 mil crianças morrem de fome a cada ano; megalópoles que são incapazes de oferecer os serviços para os quais elas deveriam existir; estrutura de transporte urbano nos moldes dos países ricos, mas que condena, por falta de dinheiro, milhões de pessoas a caminharem, como andarilhos medievais, os quilômetros entre suas pobres casas e o trabalho; e obriga aqueles que têm acesso à modernidade, ao desperdício de tempo em engarrafamentos que seriam desnecessários em um sistema de transporte eficiente.

A modernização é vista independentemente do bem-estar coletivo. E o bem-estar privado em termos de consumo. Obtém-se um imenso poder econômico, mas ele não consegue resolver os problemas da qualidade de vida, como a alimentação, a saúde, a harmonia social, a educação, a solidariedade. Constroem-se estruturas sociais que, ao se fazerem modernas, mantêm todas as características do que há de mais injusto e estúpido.

O Brasil é um dos mais atrasados países do mundo. Tão atrasado que sua elite ainda não atualizou seu conceito de moderno. Atrasado, não porque seus automóveis sejam superados, e sim porque o sistema de transporte não funciona. Não porque sua agricultura é primitiva e sim porque sua população é desnutrida. Não porque os condomínios ainda são poucos e sim porque as favelas são muitas. O que faz o Brasil não contemporâneo às conquistas do mundo não é apenas a falta de ciência e tecnologia, mas, sobretudo o fato de que a ciência e a tecnologia de que dispõe não têm sido utilizadas para fazer um Brasil que satisfaça os desejos de sua população. E têm servido para fazê-lo regredir socialmente.

Por isso, ao ver como sinônimo de moderno o mundo insatisfatório que foi construído, um número crescente de pessoas contesta a validade da busca da modernidade. Assume que o termo define uma estrutura social que deve ser rejeitada.

O caminho da modernização não levou à utopia prometida, desejada e possível. Mas, ao lado do incremento da miséria, a modernização do Brasil produziu um enorme incremento do potencial nacional para construir esta utopia possível.

O país dispõe de uma capacidade de poupança equivalente a alguns dos mais ricos países; uma infra-estrutura econômica completa em todos os setores; uma massa crítica intelectual em todas as áreas; reservas identificadas dos seus recursos naturais; uma infra-estrutura científica e tecnológica suficientemente competente para dar solução à maioria dos problemas nacionais; uma população capaz de formar o mercado que justifique as soluções econômicas.

O desafio do presente está na tarefa de realizar a modernização da riqueza existente, domesticando-a para que seja um instrumento de superação da miséria e não de seu agravamento.

Pondo como centro da definição contemporânea de modernização os conceitos de saúde pública, educação, igualdade, confiança no futuro, harmonia social, liberdade individual. O caminho seria uma modernidade diferente nas características sociais. Desfazendo-se dois mitos: a identificação de modernização com a atual estrutura socioeconômica e a aceitação de que essa estrutura é necessariamente boa e inevitável.

O termo "moderno", antes de definir característica tecnológica, socioeconômica e cultural dos tempos atuais, tem um significado mais antigo, como predicado de tempo. Origina-se etimologicamente do latim *hodiernus*, que significa "dos nossos dias, recente, atual, hodierno". Nesse sentido, as sociedades estariam condenadas a caminhar, cronologicamente, para a modernidade, tanto quanto para o futuro. Algumas podem fazer este caminho cronológico sem grandes ou mesmo nenhuma transformação. Como sociedades estancadas, repetem o mesmo ciclo de atividades ao longo dos séculos. Outras caminham em um processo de transformações constantes ao nível econômico e social, nestas incluído o avanço técnico. O Brasil não pode fugir à sua vinculação com a realidade ocidental de um mundo em transformação. Mas, duas opções se apresentam no caminho das mudanças para seu futuro: uma modernização com a sociedade dividida em padrões tecnológicos e sociais diferenciados, ou a modernização que inclua a aspiração democrática de uma sociedade única, integrada em um mesmo padrão tecnológico e social.

Nas últimas décadas, especialmente nos últimos anos, o Brasil vem caminhando para a apartação. A estrutura nacional funciona em blocos divididos, embora economicamente interligados: as escolas, as lojas, os hospitais, a visão do futuro, os biotipos, os gostos, o próprio idioma vão se separando entre um grupo e outro que formam uma única economia. Os condomínios fechados, as ruas bloqueadas, os *shopping centers* isolados são exemplos de um país que forma a sua estrutura de apartação.

A continuar esse caminho, o conjunto do país se desfará política e moralmente, além de não ser capaz de explorar todo o seu potencial econômico. No médio prazo será impossível manter a estrutura de apartação, da mesma forma que a África do Sul não foi capaz de manter seu *apartheid*, apesar do êxito de sua economia, nos mesmos níveis do Primeiro Mundo, e apesar de repartir à sua população negra condições materiais de vida melhores do que a elite consumista brasileira permite a suas massas marginalizadas.

A alternativa está em uma nova definição socioeconômica para o termo "moderno". Em vez de deformar a sociedade para ajustá-la ao velho conceito de moderno, ajustar o conceito a um novo tipo de sociedade. Modernizando-se a própria modernidade.

A MODERNIZAÇÃO DO FUTURO

Há um século, e especialmente nas últimas seis décadas, a sociedade brasileira vem cumprindo um sistemático processo de modernização. O resultado foi a construção de uma das mais instáveis, dependentes, violentas e insatisfatórias entre todas as sociedades do mundo atual. Como conseqüência, forma-se dentro do Brasil um descontentamento, e, no exterior, um desprezo e repugnância pela incompetência com que as últimas gerações administraram os destinos do Brasil.

Sob todos aspectos, o Brasil está entre os países com piores níveis de bem-estar e de pobreza. Isto se agrava porque a realidade pobre se apresenta absurda e perversa. De um lado, pelo fato de que o país dispõe de uma base natural e humana, e de uma infra-estrutura econômica entre as mais ricas de todos os países do mundo. De outro, pela desigualdade que faz com que, ao lado de uma parcela majoritária que sobrevive em níveis de pobreza equivalentes às mais primitivas economias, uma minoria viva com os mais sofisticados padrões de consumo.

Surgem duas análises diferentes das causas e dos remédios necessários para construir um futuro que conserte o presente causado pelos erros do passado.

Aquela que considera o erro de não se ter completado ainda a modernização. Depois de sessenta anos de poder e vinte de poder absoluto, os ideólogos da modernização da miséria e do desastre social passam a acusar os seus críticos, como se fossem estes os responsáveis, apesar da marginalização em que foram mantidos, pelo exílio, pela prisão, pela censura, pela tortura, exatamente porque apresentavam caminhos alternativos. Propõem a continuação do mimetismo do progresso técnico e do consumo dos países do chamado Primeiro Mundo.

Os construtores de desastre continuam confundindo os objetivos desejados com os meios técnicos que noutros países tiveram de fato um papel modernizador. Com a incompetência característica do subdesenvolvimento cultural e o oportunismo dos interesses particulares, continuam a importar os objetivos e os instrumentos que foram utilizados para modernizar países diferentes. Em vez de avançar, o país se enfraqueceu e comprometeu sua dignidade de nação, dividiu-se e endividou-se, violentou-se e se fez violento.

Outros grupos culpam a modernidade e caem na perplexidade e na defensiva. Passam a denunciar toda forma de modernidade, ou assumem a defesa do mesmo modelo, apenas procurando uma hipotética melhor distribuição dos resultados. Essa situação se agrava porque a maior parte das alternativas sempre esteve vinculada ao estatismo, planejamento e socialização, que nos últimos anos perderam o poder de sedução, pelas falhas que cometeram.

Esse é um falso impasse. É preciso repudiar o cinismo com que os responsáveis pelo desastre se apresentam como salvadores da pátria, com um discurso arcaico, que se diz modernista. Mas, sem ficar na posição defensiva, oferecer alternativas à construção do futuro. Não apenas mudanças nos meios e instrumentos utilizados, mas, sobretudo, na redefinição dos objetivos a serem atendidos.

O conceito de moderno não pode se aplicar à sociedade aleijada, construída pela engenharia dos ministros e tecnocratas da área econômica e pelo empresariado selvagem, que controlaram o poder civil e manipularam o poder militar, para servir a uma elite minoritária. A palavra deve voltar à sua conceituação substantiva de significar aquilo que corresponde ao futuro, desmascarando o modernismo arcaico que caracteriza o atraso social do Brasil. Em seu lugar definindo o futuro que se deseja.

A nova modernização implica repudiar conceitos velhos de modernidade. Denunciar os falsos modernizadores, defensores de um desenvolvimento anacrônico: a fragilidade da economia, a manutenção do antiquado quadro social, a inviabilidade política devido à desigualdade, e antinacional, na medida em que destrói o tecido social e amarra o país aos interesses do exterior. Atualizar o conceito de modernidade. Tirar o país do atraso social, revendo os objetivos nacionais: uma população que goze de plena liberdade, saudável, educada, solidária, sem medo histórico do futuro e sem medo físico do presente. Propor um desenvolvimento econômico subordinado aos interesses de uma sociedade livre, dispondo de soberania para definir ela própria os seus problemas, e eficiente na solução deles, utilizando como deseja os recursos de que dispõe.

Moderniza-se a própria modernidade. E em função disso os meios necessários para atingir os novos objetivos. O ser-moderno deixa de estar tautológica e arcaicamente preso aos meios, como as técnicas de produção, vinculando-se aos objetivos sociais aos quais a técnica deve subordinar-se e servir.

UMA DEFINIÇÃO CONTEMPORÂNEA DE MODERNIDADE

O Brasil surgiu como conseqüência do gesto de modernização da grande navegação e do mercantilismo na Europa. Sua história, desde então, tem sido a história de sua participação como apêndice da modernização no mundo ocidental.

Seus êxitos e fracassos têm sido medidos em relação aos padrões definidos naqueles países: a transformação de uma economia agrícola monoexportadora em uma economia industrial diversificada, a formação dos grandes centros urbanos e a montagem de uma potente infra-estrutura. Ignorando-se o fato de que as nações que servem de padrão realizaram uma constante melhoria do nível de vida material e cultural de suas populações. Enquanto o Brasil manteve seu padrão de avanço cumprindo apenas um dos lados do que os países ricos realizavam, modernizou sua infra-estrutura produtiva, mantendo a sociedade com as características mais primitivas.

No final dos anos 20, o Brasil viveu uma crise decorrente da insatisfação com a economia exportadora de produtos agrícolas. As manifestações e ânsias de modernização cultural, política e social esbarravam em uma estrutura econômica que não dispunha de diversidade, nem de potencial modernizador. A Revolução de 30 iniciou a montagem de uma nova proposta econômica, que oferecia a possibilidade da implantação de uma base industrial, a urbanização, novas normas de convivência entre o capital e o trabalho.

O que aparentou o grande êxito do período de governo de Juscelino Kubitschek foi que durante cinco anos a sociedade brasileira pôde sintonizar a modernização econômica com a modernização política de um regime democrático e uma sociedade em mutação, ascensão e mobilidade.

Já no começo dos anos 60, enquanto a maior parte da população continuava a desejar e confiar no rumo que vinha sendo implantado, a economia já demonstrava sinais de um esgotamento: o mercado não absorvia a produção de bens que visavam a substituição de importações para o consumo da reduzida camada mais rica, a montagem da infra-estrutura provocava inflação, a ânsia de ascensão social induzia à agitação social e política.

A crise dos primeiros anos da década de 60 levou parcelas da sociedade a defenderem propostas alternativas. Um tipo de desenvolvimento em que fossem considerados também a produção agrícola, a educação, a saúde, a justiça social, o atendimento às necessidades da maioria da população, a soberania, a distribuição dos resultados da economia.

Mas essas propostas não conseguiram o apoio necessário.

A alternativa implantada, a partir de 64, foi no sentido de continuar a industrialização e a urbanização nos padrões da modernização norte-americana, canalizando os recursos nacionais para que a economia crescesse o mais rapidamente possível. Mesmo que para isso tivessem de ser sacrificadas a modernização política que, no Ocidente, significa também democracia, e a modernização social com o atendimento das necessidades sociais da maioria da população.

Usando o autoritarismo político e a concentração da renda e dos benefícios, a elite dirigente concentrou seus esforços na construção de uma sociedade de consumo para uma minoria.

A implantação dessa política mostra que foi possível, em um prazo muito curto, realizar um radical salto de modernização. O Brasil passou a ser a oitava potência econômica mundial, criando uma competente infra-estrutura e dispondo de uma rica população consumidora. Mas provocando, ao lado, um dos mais dramáticos e atrasados quadros sociais: a miséria da modernização. Mesmo esse quadro vergonhoso de atraso em nenhum momento incomodou a elite dirigente, que se dedicou a reafirmar os êxitos do que chamou de "milagre" do seu projeto modernizador.

Apesar dos desequilíbrios criados, da perda de soberania, das desigualdades, da perda de valores éticos e culturais, da destruição dos recursos e do meio ambiente, o período entre 30 e 80 foi apresentado como êxito na construção da nação brasileira. Porque representava o caminho à modernização previamente definida.

Mas, ao mesmo tempo que parte da sociedade demonstrava insatisfação com o atraso político que significava o autoritarismo, e incômodo com o atraso social em que viviam as massas, a economia voltou a mostrar sintomas de exaurimento.

O que provoca o sentimento de crise, a partir de 80, é a consciência de um estancamento nas possibilidades do caminho que vinha sendo seguido; e na ameaça de perda de qualidade de vida da minoria privilegiada.

A principal causa da democratização de 1985 esteve na impossibilidade de o grupo no poder oferecer alternativas para prosseguir no rumo da modernização que tinha, brutal e brilhantemente, conseguido implantar até então. Se a crise econômica não fosse tão forte, uma parte da elite não teria ido às ruas pedir eleições diretas, e teria reprimido as manifestações. Se o quadro social não fosse tão dramático, as massas não teriam dado apoio aos movimentos pelo fim do autoritarismo. O que trouxe a democracia de volta ao Brasil foi a incapacidade de a ditadura tecnocrática-militar-empresarial continuar o caminho da modernidade na forma que a população acreditava.

Graças à perplexidade e aos compromissos das forças progressistas diante do quadro da modernização tradicional, a elite dirigente conseguiu mudar o quadro político sem fazer qualquer concessão no projeto modernizador. Realizou mudanças nos meios sem qualquer modificação nos objetivos.

Para realizar seus objetivos, a elite usou e abusou dos instrumentos do Estado, da estatização na produção e da intervenção na economia. Preços, salários, juros, prioridades, investimentos eram definidos pelo Estado, com um propósito claro de realizar um projeto modernizador a serviço da minoria vinculada aos padrões de consumo dos países ricos. Quando esse projeto demonstra sua fragilidade e inviabilidade, depois de usarem a estatização ao ponto de desmoralizá-la, desgastá-la e esgotá-la, as elites retomam as superadas e antiquadas formas de economia liberal.

Busca-se utilizar mecanismos tidos como modernizantes, visando continuar a construção de uma modernidade tradicional, arcaica no que se refere às características da sociedade. Nenhuma consideração é feita sobre uma redefinição dos objetivos nacionais.

Por falta de lucidez para um projeto alternativo e sem querer romper com seus interesses, busca no mercado o fio condutor que impedirá mudanças sociais e conduzirá aos mesmos resultados para os quais o Estado já não é capaz. O neoliberalismo que tinha sido abandonado para viabilizar a modernização entre os anos 30 e 80 transforma-se em símbolo da modernidade dos anos 90. Em vez do protecionismo alfandegário e do apoio estatal ao setor privado, utilizado por todos os governos conservadores, os mesmos conservadores propõem a liberação do comércio como forma de aumentar a eficiência, vista como sinônimo de modernização. Quando o Estado já não consegue convencer nem legitimar a definição dos objetivos, o mercado passa a ser o elemento definidor e legitimador para que estes objetivos continuem os mesmos.

As estatais, que através do investimento público e de preços e tarifas baixos serviam à dinâmica da modernização, passam a ser privatizadas, para que o mercado regule o funcionamento delas, sem que se modifiquem os objetivos nem os beneficiários do conjunto do processo a que elas sempre serviram. A universidade e os institutos de pesquisas, que eram financiados pelos recursos públicos, para servirem à criação de uma infra-estrutura a serviço da elite, são abandonados e ameaçados de privatização, para que os novos financiadores matenham o controle sobre a infra-estrutura que continuará servindo aos mesmos propósitos.

Modificam-se os meios para que os resultados continuem os mesmos: limitados ao aspecto produtivo para atender a uma sociedade de consumo voltada para uma pequena minoria. Nenhuma consideração é feita sobre uma redefinição dos objetivos nacionais. Não se moderniza o conceito de modernidade.

A presente crise se manifesta não apenas nos meios para construir o futuro, mas também no rumo que se percorre. Por trás da inflação, da dívida, da violência, da ineficiência estatal e privada, da manipulação eleitoral e da vergonha social está a manifestação dos equívocos nos objetivos.

Não se trata de um estancamento, mas de um caminho equivocado. A crise não está nos limites dos recursos econômicos, mas na insatisfação com os resultados e o rumo que a modernidade vem tomando desde os anos 30. É uma crise na definição de modernidade, muito mais do que nos instrumentos da modernização.

O FUTURO DA MODERNIZAÇÃO BRASILEIRA

Na civilização ocidental, a história de cada país tem sido a história das mudanças necessárias à construção de sua modernidade. A história do Brasil é a história dos erros e acertos de seu povo nesse caminho. Mas há momentos que representam mudanças mais radicais: nos Estados Unidos e na França, no final do século XVIII, 1776 e 1792; no começo do século XX, 1905 e 1917, na antiga Rússia; no final deste mesmo século na URSS; na China em 1949.

Cada uma dessas datas representou a conclusão de um processo iniciado anos antes, através de pequenas crises, que eram sintomas da necessidade de modificações mais radicais no rumo de cada país.

No Brasil, as datas de 1822, 1888-89, 1930 definiram mudanças de rumo, embora menos radicais do que aquelas consideradas acima. Entre 1822 e 1888-89, apesar de todas as rebeliões, tramas palacianas e crises econômicas e militares, nenhuma mudança de rumo ocorreu na sociedade brasileira. Entre 1889 e 1930, apesar da urbanização, das crises financeiras e do comércio exterior, apesar da modernização cultural, nenhuma ruptura ocorreu. Entre 1930 e 1964, apesar da liberalização de 1945 e do impulso dado à industrialização, sobretudo depois de 1955, tampouco houve rupturas. A partir de 1964, sob uma brutal ditadura, foi conseguida uma aceleração do processo e um avanço na industrialização e urbanização do país, mantendo-se o rumo das décadas anteriores, sob a mesma definição de modernidade. Entre 1964 e o presente, diversas crises têm forçado ajustes e mudanças, no perfil energético, no regime político, na concentração da renda, na estrutura do comércio exterior, no padrão monetário, mas sem qualquer mudança substancial.

O golpe militar de 1964 e a redemocratização de 1985 são exemplos de mudanças na metodologia política, sem rupturas no rumo tradicional da sociedade. Ambos os movimentos foram conduzidos com o mesmo objetivo de continuar, sob regimes políticos diferentes, o processo socioeconômico iniciado em 1930.

Assim como em outros períodos da história brasileira, as dificuldades em prosseguir no mesmo rumo indicam que o momento exige modificações mais radicais nos destinos do país. A insistência em continuar com a tendência iniciada em 1930, e consolidada em 1964, levará à manutenção do quadro de crise que se arrasta desde o começo dos anos 60.

A crise não decorre de simples desajustes dentro dos limites da luta de classes, mas de uma profunda desarmonia no seio da sociedade, e desta com a natureza. Decorre da incompatibilidade entre a estrutura econômica e as necessidades da população e as características de seus valores culturais; entre as exigências e as potencialidades de seus recursos econômicos e naturais e os limites de suas relações internacionais. Decorre, sobretudo, da realidade política onde os quadros dirigentes, inclusive no lado dos que se opõem, estão comprometidos com os interesses da presente estrutura e com a visão tradicional de uma modernização arcaica.

Durante décadas, temos vivido diante do voluntarismo revolucionário ou do conservadorismo inercial. Os adeptos do primeiro acreditam que o rumo social depende da vontade de um grupo político. Os outros, que o processo social segue uma inércia irresistível. O impasse das forças políticas brasileiras mostra que há uma forte inércia que tenta evitar mudanças, mas que não é mais capaz de induzir o crescimento tendencial.

A saída para a crise exige a reversão desta situação. Será necessário ajustar a estrutura socioeconômica do país a objetivos diferentes, e utilizando meios diferentes. Compatibilizar objetivos com disponibilidade de recursos, e estrutura produtiva com valores culturais. Será preciso uma modificação nas idéias que formam o conjunto do ideário político, especialmente daqueles que estão descontentes com a realidade e se propõem representar os interesses das massas.

A formulação de propostas alternativas, viáveis e capazes de empolgar o conjunto da sociedade exige um método de trabalho que assuma a perplexidade do momento. Perceba a necessidade do processo democrático, não apenas por sua estética existencial para os indivíduos, mas, sobretudo, como ferramenta social no enfrentamento da perplexidade, ao permitir criações e experimentações.

A consciência do desafio implica a visão global do problema que o país enfrenta, no conhecimento dos limites para as soluções, em uma definição de objetivos com base em propósitos éticos para a sociedade e no uso de métodos de análise sem vícios de premissas preconceituosas. Torna-se necessária uma revisão dos métodos que buscam o entendimento do real. A dívida não é apenas um problema de finanças, mas também ético, político, de soberania. A reforma agrária não deve ser uma palavra-de-ordem dogmática, mas um dos meios para ampliar a produção agrícola para o mercado interno e a elevação do nível de vida do trabalhador rural.

Mesmo conceitos como socialismo e capitalismo não devem representar amarras na definição do futuro social do país, seja por preconceitos contrários ou a favor, seja porque tão grande têm sido a evolução e as formas de qualquer um destes sistemas no mundo atual, que ambos já não merecem qualquer ortodoxia.

Isso não significa que o desafio nacional deva ser visto através do que vem sendo chamado de desideologização. Ao contrário, mais do que nunca, faz-se necessária uma revisão das idéias: uma crescente ideologização. Desde que esta se faça tão profundamente, que não fique prisioneira dos preconceitos, de idéias pré-fabricadas e estagnadas, divorciadas da realidade de um mundo dinâmico.

O desafio que se coloca diante do Brasil não é, surpreendentemente, o enfrentamento da emergência da inflação, da violência e outros sintomas, mas o desafio de formular as idéias do tipo de Brasil que a sociedade deseja. O futuro da modernização do Brasil está em formular idéias próprias para o futuro do país.

Dois futuros alternativos se colocam diante da atual encruzilhada.

O Brasil apartado

O primeiro está na continuação de uma modernidade definida pelos meios técnicos, que submeta a estrutura social à realização da economia que serve para realizar estes meios. Para continuar nesse rumo, a sociedade brasileira terá que optar por uma estrutura social apartada, com uma parte de privilegiados separada da maioria, não apenas econômica, mas também juridicamente. Duas nações sobrepostas, nas mesmas cidades e nas mesmas áreas de um único território, interligadas por um colonialismo interno.

As cidades brasileiras já se caracterizam por um claro sistema de apartação: condomínios e ruas fechados e protegidos por guardas; *shopping centers* isolados, exclusivos dos que nele podem entrar; escolas, hospitais, serviços limitados ao atendimento de uma minoria.

A política de integração internacional complementa o quadro de apartação. Reflete a opção pelo mercado refinado e reduzido, com o abandono da alternativa de incorporar as massas no mercado nacional.

Por enquanto, guardas, cercas e o mercado limitam o número dos que participam da modernidade. Aos poucos esses instrumentos se mostrarão ineficientes e as elites privilegiadas buscarão a proteção legal. Como o Brasil não tem a simplificação da identificação imediata pela cor da pele, em vez da segregação racial, a lei passará a exigir crachás para acesso a qualquer local, se construirão cercas em áreas públicas, aumentarão os gastos com policiamento, com os recursos públicos. Ao longo da história, o Estado brasileiro foi utilizado para construir o quadro de apartação que já existe. Esgotadas as possibilidades do Estado interventor na produção, o Estado será usado para continuar e complementar a apartação por meio das práticas neoliberais. O Estado reduzirá sua intervenção no setor produtivo, para ampliar a participação na economia, através da regularização do mercado e da sociedade apartada. Privatizará as estatais que sempre serviram aos interesses privados, para dispor dos recursos que assegurem a apartação social, necessária ao bom funcionamento da moderna economia arcaica e à consolidação da incorporação de uma parte da população aos benefícios do pequeno círculo dos países do Primeiro Mundo. Privatizará a previdência para dispor de recursos que financiem a polícia e o exército, que garantirão a ordem contra as hordas de marginais excluídos até do pouco que hoje oferece o sistema público.

O Brasil da nova modernidade

O outro caminho estará em uma nova forma de modernização, que tenha como seu objetivo central a integração nacional em uma única sociedade; capaz de eficientemente solucionar o problema das necessidades básicas para todos; construir uma nação soberana, participante do conjunto do mundo; caminhar para uma crescente libertação, que amplie a oferta de bens de consumo e a disponibilidade de tempo livre para as atividades culturais. Sem apartação na sua população.

Isso exige que o objetivo inicial da modernização seja o fim da exclusão da maioria, com a solução de todos os problemas sociais que caracterizam a pobreza no país.

Essa opção não se fará por decisões de caráter econômico, ainda menos por soluções limitadas às técnicas utilizadas. Ela exige uma escolha ética que defina os propósitos da sociedade e a eles subordine a economia e o uso da ciência e da tecnologia. Uma opção ideológica quanto ao futuro.

Nos últimos 2 500 anos, o Ocidente mostra três pólos e momentos de inflexão: a Grécia e Roma, nos cinco séculos anteriores e nos cinco posteriores ao ano zero da era cristã; a Europa renascentista no século e meio anterior e no século e meio posterior ao ano 1500; e a Europa e Norte-América da revolução industrial dos últimos dois séculos. Acreditou-se, até recentemente, que a proposta que surge da revolução industrial seria permanente. Mas a realidade das últimas décadas vem levantando sucessivas dúvidas sobre a conveniência e a viabilidade da continuação dessa proposta. Os trabalhos sobre os limites ao crescimento e seu impacto ecológico, a insatisfação com o consumismo, a desigualdade intrínseca ao processo de industrialização — à escala mundial e dentro de muitos países — têm levantado dúvidas sobre o futuro da civilização industrial em suas atuais características. O avanço tecnológico vem apresentando deseconomias e riscos. As estruturas sociais e industriais — tanto as capitalistas como as socialistas — deixam transparecer suas deficiências e insatisfações.

A crise no Leste europeu se manifesta, inicialmente, como a vitória do modelo euro-norte-americano. Visto, porém, em uma perspectiva histórica mais longa e dinâmica, pode-se imaginar que a crise do Leste europeu é a crise de uma das experiências possíveis de continuar a civilização industrial com os seus valores dos últimos dois séculos. Os resultados das reformas do Leste ainda não permitem perceber a capacidade de sobrevivência dos novos regimes. Os efeitos do liberalismo econômico, mesmo podendo trazer uma maior competitividade internacional, mesmo aumentando a disponibilidade de bens no mercado, poderão levar ao empobrecimento de uma parte da população e também à constatação de que a disponibilidade não se deu apenas por aumento da produção, mas também pela compressão da demanda. O melhor desempenho econômico pode vir com a formação de uma sociedade desigual, no aumento da violência social e uma grande perda no atendimento dos serviços sociais.

Nos países industriais pode-se imaginar um aumento das pressões por benefícios sociais, ânsia de igualdade, exigência de estabilidade no emprego, especialmente na nova Alemanha, como resultado da incorporação da população que agora deseja o consumismo industrial individualizado sem sacrificar as vantagens sociais que conquistaram no socialismo. E, sobretudo, um crescimento das pressões por um maior respeito ecológico.

Os próximos anos serão caracterizados pela falta de propostas capazes de responder de forma hegemônica aos interesses da sociedade. Nessas condições, os países da América Latina, e os grandes da Ásia (inclusive a China em suas experiências atuais), não apenas terão de buscar caminhos próprios, como poderão vir a ser alternativas aos caminhos da civilização nos próximos séculos.

Contraditoriamente à trágica realidade que surge no final da "década perdida", com as crises das dívidas, da ecologia, do petróleo, da dependência, da pobreza, da desigualdade, da violência, é possível imaginar a possibilidade de alternativas.

Para tanto, um passo decisivo está no entendimento da dimensão da crise, na profundidade e na globalidade internacional de suas causas, e na crença na potencialidade dos recursos já disponíveis, desde que a estrutura social e os objetivos econômicos se ajustem a eles e aos desejos essenciais da população. É nisso que está o maior dos desafios brasileiros. Além disso, é fundamental o uso desse entendimento para redefinir os objetivos da sociedade e o papel da economia nos próximos anos. Esses objetivos comporiam o quadro de uma modernização do futuro. Fugindo do mito da arcaica definição utilizada até aqui, e evitando os desastres provocados pela modernização das últimas décadas; definindo os fins a que uma moderna sociedade brasileira se propõe: uma população saudável e educada, o atendimento das necessidades básicas por um processo produtivo eficiente, que respeite o trabalho e a natureza, um sistema distributivo que permita uma sociedade digna e solidária, a conquista da soberania pelo respeito aos interesses nacionais e a construção de uma eficiente infra-estrutura científico-tecnológica. No atual estágio brasileiro, o alcance desses objetivos não apresenta qualquer impedimento físico, por falta de recursos, sejam naturais, financeiros ou humanos.

O Brasil tem uma posição privilegiada, com uma população grande, com um território de imensa disponibilidade de recursos, especialmente nas estratégicas áreas energética e biótica, uma massa crítica satisfatória, capaz de servir de base tecnológica, científica e industrial, e permitir iniciar o seu próprio caminho da modernidade.

Os entraves existentes, além daqueles decorrentes dos preconceitos ideológicos nos meios conservadores e em muitos grupos progressistas, está nos interesses criados ao longo de décadas. Uma parcela dos donos do poder econômico não manifesta vocação para romper com os interesses na especulação, especialmente com o capital financeiro e com a propriedade fundiária. O setor industrial produtivo encontra-se montado para servir apenas a uma pequena minoria de consumidores dentro do espírito da modernização tradicional, e não parece disposta ou motivada para uma reciclagem de seu capital e do seu perfil tecnológico. Ainda mais grave, a minoria de algumas dezenas de milhões de pessoas que compõem o universo dos consumidores brasileiros não parece sensibilizada para uma nova ordem.

Por outro lado, se a democracia é incluída como um dos elementos chave do processo de modernização, toda reforma para incorporar as massas terá de ser feita sem perder o apoio de uma parcela das classes privilegiadas.

A solução da difícil equação de atender as massas sem perder o apoio de uma parte dos privilegiados vai exigir que a idéia de *nível de vida* seja separada da idéia de *nível de consumo*. Se um projeto alternativo de modernidade tem de romper com o consumismo inviável das minorias, nada impede que o nível de vida como um todo se eleve para o conjunto da população, salvo para uma reduzida minoria cujos interesses nada têm a ver com o futuro, qualquer que ele seja. Para que esse processo se faça possível, o futuro conta com a grande aliada que é a crise atual, explicitando a redução no nível de consumo e a perda do nível de vida, mesmo quando o consumo cresce.

Mas a dimensão da crise já começa a manifestar a inviabilidade de continuar o caminho antigo, sobretudo sob a imagem de novidade que os neoliberais tentam aparentar. Surgiu por isso, desde os anos 60, e se manifesta de forma crescente, a necessidade de novas propostas capazes de modernizar o futuro.

AS BASES DO FUTURO

As bases do futuro de um povo passam pelo controle das técnicas de transformação, pela soberania no uso dos seus recursos naturais e pela formação e organização social, de forma a executar e usufruir do projeto de modernização, dentro de um marco claramente democrático. Mas a realização do projeto modernizador exige uma população que acredite em sua utopia e disponha de agentes modernizadores, capazes de empolgar a maioria em torno a suas propostas.

A democracia

Tanto as democracias quanto as ditaduras são instrumentos da sociedade em busca de seus caminhos rumo a algum tipo de modernização. Mas, no Ocidente, a democracia tem tido um significado modernizante em si. As ditaduras, procurando modernizar o funcionamento da economia, mesmo quando acompanhado de uma distribuição eqüitativa, representariam um passo arcaizante, não modernizador. A democracia política compõe o conjunto dos indicadores modernizantes desde que seja capaz de realizar-se plenamente, atendendo aos desejos de modernidade social e econômica, e resultados distribuídos de forma eqüitativa entre toda a população. A democracia perde sentido quando os seus resultados positivos, no nível político, não são capazes de atender aos desejos de modernidade social e econômica; quando se limita à sua metade política institucional da qual só alguns participam.

Nos momentos de perplexidade social em relação à sua utopia, a democracia vai além de ser uma finalidade, transforma-se também em um instrumento necessário. Ao viver um impasse entre as idéias de seu destino, a sociedade necessita de um processo de participação, como forma de encontrar seu novo rumo. A imposição autoritária, vinda de qualquer classe ou qualquer partido, corre o risco de conduzir o país a destinos antiquados, tanto pela perda da eficiência, como pela contradição em negar a finalidade básica da construção de uma sociedade livre e eficiente na solução dos problemas de sua população.

Nessas condições, um passo básico para a modernização do futuro é consolidar o funcionamento democrático na política e ampliar a participação popular, de forma a levar esse funcionamento a todos os aspectos da sociedade. Mesmo que no curto prazo isso aparente um custo e um retrocesso. É um custo e um retrocesso na proposta arcaica da modernidade tradicional, e uma necessidade na busca da definição da nova modernização.

As técnicas

Se a modernidade é a inovação, ela não pode ser imitativa. Cada civilização dominou o seu tempo por dominar a tecnologia que mais eficientemente se sintonizasse com os interesses de suas populações, com a disponibilidade de seus recursos e com as culturas do momento. Esse domínio não pode ser confundido com a compra de caixas-pretas para servirem ao atendimento de necessidades criadas artificialmente, sem afinidade com os recursos naturais nem com as culturas locais. Mas, poucos mitos são mais generalizados e aceitos do que a idéia que define modernização como sinônimo do uso dos produtos fabricados pelas mais recentes técnicas importadas do exterior, ou com o simples uso destas técnicas, mesmo quando seus produtos não sejam necessários, eficientes ou acessíveis à população.

Com a revolução industrial, especialmente nas últimas cinco décadas, modernização passou a significar *controle tecnológico*, que por sua vez passou a significar *poder de usar técnicas de última geração*, independentemente de seu produto ser ou não do interesse social. Em conseqüência, em vez de ser um instrumento de realização dos objetivos sociais, as técnicas passaram a ser instrumentos para dominar a sociedade, posta a serviço do avanço técnico. Isso é ainda mais grave nos países atrasados, onde se chama avanço tecnológico à cópia das técnicas do momento no estrangeiro, independentemente das conseqüências sociais do seu uso.

A compreensão do problema da relação entre avanço técnico e modernização deve corresponder ao poder de controlar as técnicas: no sentido de usá-las conforme interesses e propósitos definidos pela sociedade, na busca de realizar seus desejos; e no sentido de conhecer os detalhes de engenharia necessários para transformar os recursos disponíveis nos bens e serviços. O primeiro controle é político, o segundo é técnico.

O que deve interessar na construção de uma futura modernidade é: primeiro, a autonomia para definir os propósitos sociais; segundo, o conhecimento para saber que técnicas escolher e usar da forma mais eficiente para atingir estes objetivos; terceiro, o controle da tecnologia no sentido de pô-la a serviço do projeto de modernidade, conforme os padrões e objetivos definidos socialmente; quarto, o conhecimento da engenharia dessa tecnologia, e não simplesmente o acesso ao uso delas através de caixas-pretas; em quinto lugar, quando necessário e conveniente, o acesso ao mercado internacional de técnicas, de maneira a não tentar reinventar a roda, quando ela interessar ao projeto, mas sem jamais se deixar atropelar pela roda importada, por mais reluzente e sedutora que ela possa parecer. A modernidade só começa quando ocorrem esses cinco tipos de controle, pelo menos os quatro primeiros.

Em relação à tecnologia, o primeiro gesto de uma nova modernidade não está no acesso às últimas técnicas disponíveis, mas na capacidade de definir os objetivos e os parâmetros que nortearão os tipos de técnicas a serem desenvolvidas e utilizadas. Passa, portanto, por instrumentos que permitam conceber e selecionar as técnicas que interessam, e repudiar aquelas que não interessam. Sem a ilusão de que a técnica nova é necessariamente moderna.

Os países do Terceiro Mundo são exemplos da modernização ilusória e às avessas, onde muitas técnicas foram compradas como brinquedos que pouco serviram além da ilusão criada, da dívida provocada, dos impactos ecológicos e desajustes sociais. Muitas eram absolutamente desvinculadas dos objetivos e dos recursos naturais e humanos que as utilizariam, tornando-se imediatamente sucatas, mesmo quando eram a última moda no mundo desenvolvido.

Deslumbradas pela modernidade aparente, raramente as pessoas percebem que o conceito de sucata não deve ser visto apenas no seu lado de engenharia, mas também e sobretudo pela falta de sintonia como uma técnica deve contribuir para realizar os objetivos da sociedade.

Para serem instrumentos de modernização, as técnicas têm que perder o papel fetichista decorrente do arcaico desejo de imitar que caracteriza o atraso. Elas têm de ser vistas como meio, em sua funcionalidade, para realizar objetivos que lhe são externos, e que representam a realidade moderna: como uma sociedade eficaz na solução das necessidades básicas para toda a população, no crescimento do nível de consumo, especialmente de bens culturais, e onde o horizonte de liberdade seja constantemente ampliado.

Os recursos naturais

Cada técnica só faz sentido quando combinada a determinados recursos naturais. De nada servem todas as técnicas, em um país que não disponha da soberania para utilizar seus recursos. A soberania sobre o território brasileiro é um gesto objetivo muito mais importante para a construção da modernidade do que o acesso às complexas técnicas que o mundo desenvolvido possui. Apesar disto, os mesmos grupos que defendem a "modernidade" do uso de toda e qualquer técnica nova, toleram, e até incentivam, a entrega e a destruição dos recursos naturais do país, como se esse patrimônio não tivesse relação com o futuro. Hipócrita e incompetentemente, o discurso da modernidade técnica despreza a importância do controle dos recursos naturais do país.

O que fez Portugal moderno no século XV e XVI não foi apenas a dominação da navegação, mas o fato de que ela possibilitou o controle do território brasileiro, que era capaz de produzir açúcar e ouro. Assim como foi o mau uso do produto desses recursos que levou Portugal à decadência diante da nova modernização da Inglaterra. A modernidade real passa pelo controle da tecnologia e também pelo controle dos recursos naturais sintonizados com o futuro, sem os quais as técnicas de nada servem.

A sintonia com o futuro, no caso do Brasil, está não apenas no controle e desenvolvimento das tecnologias que lhe interessem, mas também no controle dos recursos naturais de que necessitará e daqueles que o mundo precisará.

A soberania e a convivência internacional

Não se pode pensar em futuro de um povo, sem soberania de seu destino e de seus recursos; nem fora de uma convivência internacional, onde as fronteiras nacionais tenderão a ser formadas com base em cooperação e integração. Nesse sentido o Brasil é um país atrasado. Mantém todas as desvantagens de uma integração absoluta e dependente, ao lado de um protecionismo que beneficia apenas a continuação da dependência.

Durante a década de 70, os países desenvolvidos, dispondo de uma grande liquidez financeira em nome da modernidade, pressionaram os países em desenvolvimento para receberem empréstimos que levaram ao enriquecimento dos bancos dos países ricos e ao empobrecimento das populações dos países pobres. A década de 80 demonstrou a inviabilidade desse caminho.

A década de 90 levará a uma revisão dessas prioridades. Os países desenvolvidos, mais uma vez utilizando seus aliados dentro dos países pobres, pressionarão pela adoção de uma nova onda de liberalismo econômico, tão sem relação com o futuro do país, quanto os empréstimos dos anos 70. Em nome do futuro, muitos defenderão, agora, a quebra das fronteiras, como nos anos 70 defenderam a tomada de empréstimos. Se isso ocorrer sem uma submissão aos interesses maiores de uma sociedade eficiente e harmônica, os resultados, na primeira ou segunda década do século XXI, serão tão desastrados quanto hoje se observa em relação à dívida.

Por outro lado, a modernização vai exigir crescentes escalas de produção. Os países com pequenas dimensões terão de executar complexas arquiteturas políticas para conseguirem integrações com seus vizinhos ou mesmo com países distantes. Mas a perspectiva de integração não deve significar abolir as fronteiras econômicas para que a mesma elite da modernização arcaica que se enriqueceu sob o protecionismo dependente, integrando internacional e desintegrando nacionalmente, agora enriqueça ainda mais e segregue ainda mais a população, visando uma modernidade ilusória e deformada socialmente.

A Europa necessitou de quarenta anos para que sua integração se fizesse respeitando os interesses de cada país. Seus países não se integraram nos momentos posteriores à guerra, quando alguns tinham economias mais sólidas que outros. Não começaram a integração internacional desrespeitando os grupos marginalizados nacionalmente. Só partiram para a integração internacional depois de integrados internamente. Por políticas trabalhistas, de salários e de emprego, cada país integrou sua população no mercado nacional. Por políticas comerciais e monetárias cuidadosas, onde o protecionismo sempre foi utilizado em defesa dos interesses nacionais, pouco a pouco foram se aproximando de uma razoável semelhança nos níveis econômicos, até a provável integração.

Além disso, a integração européia não significa um liberalismo comercial internacional, mas sim a formação de um bloco nacional ampliado. Não significa a abolição das fronteiras nacionais, mas a ampliação geográfica das fronteiras atuais. A Europa unida não vai abolir e até fortalecerá, em uma escala maior, as fronteiras econômicas, fazendo a nova nação do tamanho de um continente, mas protegida como qualquer outro país. Depois de quarenta anos preparando a sua integração, dentro do respeito aos interesses de cada um de seus países e suas populações, a Europa de 92 vai unir-se em um bloco que, mais uma vez, defenderá esses interesses contra os demais interesses do mundo.

O Brasil é um dos poucos países do mundo que tem uma gigantesca fronteira econômica não ocupada. Mais de 120 milhões de pessoas participam menos de nosso mercado do que os outros 30 milhões participam do mercado da Europa e dos EUA. Antes da ilusão da integração internacional, será necessário fazer como os países da Europa: ter como objetivo imediato a integração da própria população nacional nos benefícios da modernização. O Brasil não deve ficar fora da integração em blocos de países. Mas será necessário que isso seja feito em função dos interesses do Brasil, e não em função apenas dos interesses internacionais.

O destino do Brasil é o de integrar-se internacionalmente. Mas em um processo que traga as vantagens das economias de escala e possíveis benefícios da competição internacional. Essa integração não pode ser vista como mais um fetiche criado por aqueles que enriqueceram com o protecionismo, e agora querem enriquecer ainda mais com a chamada integração internacional. Defendem a participação do Brasil em blocos internacionais, antes de proporem a formação de um bloco nacional. Querem integrar o Brasil ao exterior, antes de integrar as suas parcelas. Esse tipo de integração internacional — antes de se explorar todo o potencial do Brasil — levará à integração internacional de apenas 20 a 30 milhões de habitantes, deixando a maioria segregada internamente. Na mesma forma como os brancos da África do Sul fazem parte do Primeiro Mundo, desintegrados da maioria negra que compõe o país. O que provocará um acirramento da desigualdade interna com a óbvia explosão social que inviabilizará o futuro, inclusive da integração internacional.

É necessário submeter as relações internacionais aos objetivos internos de sua população. Isso não significa que o Brasil atual deva procurar um desenvolvimento fechado dentro de si mesmo, ou que defina um calendário histórico de ensimesmamento, antes de buscar uma integração.

Talvez em nenhum outro momento de sua história o Brasil tenha contado com um cenário internacional tão positivo e ao mesmo tempo com tantos riscos. No começo de sua independência, o país foi parte do sistema de partilha do mundo entre as nações imperialistas. Durante o século atual, conviveu em um mundo com duas guerras mundiais, dezenas de guerras anticoloniais e locais. Na sua segunda metade foi totalmente envolvido na polarização ideológica da guerra fria. As forças políticas nacionais tiveram de canalizar grandes energias para defenderem ou se defenderem de posições que nada tinha a ver com o Brasil. As esquerdas foram prisioneiras e pagaram um alto preço pela vinculação ideológica com regimes, nacionais ou estrangeiros, que cometeram graves erros. A direita foi prisioneira, entregando o país, seus recursos e sua consciência em um processo de louca imitação dos padrões norte-americanos, que exigiu um radical obscurantismo social. Tudo isso ao mesmo tempo que o mundo sentia-se ameaçado por uma guerra nuclear.

O cenário para o final do século começa a modificar-se

O momento apresenta a vantagem do fim dos modelos os quais nos habituamos maniqueistamente a defender ou acusar. Com a ebulição geral decorrente do fim desses modelos, surge a chance de o Brasil pensar o Brasil. A criação de novos pólos trará uma redução do poder econômico norte-americano com grandes vantagens para nós. A direita, embora ainda prisioneira da ilusão neoliberal, sentirá em breve os efeitos do fracasso dessas experiências, sendo obrigada a procurar novas propostas: cairá no suicídio da tentação da apartação social ou defenderá propostas reformistas, como ocorreu na Europa da social-democracia. A esquerda, pela primeira vez livre dos modelos importados, terá de redefinir seus propósitos e estratégias: continuará com palavras-de-ordem e representando apenas interesses dos assalariados incorporados ao sistema de apartação, ou descobrirá a potencialidade e o desafio de mobilizar política e economicamente um povo marginalizado.

Nessas condições, o Brasil pode entrar, no próximo século, em um mundo com hegemonias econômicas e ideológicas sendo recicladas.

Do lado negativo, a decadência econômica, ao mesmo tempo que seu fortalecimento militar, pode levar os EUA a um agravamento nas suas relações com a América Latina. Ao desaparecerem a força soviética e a guerra fria, o mundo pode ficar na dependência das reações de uma única potência militar no mundo, sofrendo da arrogância e do reduzido senso de responsabilidade que caracterizam os impérios em decadência.

Como grande interrogação, o Brasil ainda não pode prever como serão as relações entre o Terceiro Mundo e o grande bloco que começa a se consolidar entre os ricos, integrando Leste e Oeste. Não será difícil que as conveniências econômicas levem os políticos desse novo bloco ao uso da força no enfrentamento com os países do Terceiro Mundo. A luta por recursos, pela Amazônia, pelo petróleo, contra migração, pela imposição de valores se fará agora de forma muito mais fácil para esses países, agindo em bloco. O Brasil e demais países do Terceiro Mundo já não poderão jogar com as contradições internas, especialmente aquelas entre Leste e Oeste. As relações Norte-Sul se farão com muito maior preponderância dos ricos. É nesse sentido que eles esperam contar com o apoio dos neoliberais nos países pobres, como forma de continuar a penetração sem uso da força. Mas certamente, tudo já demonstra, os cenários de guerra e uso de força passam a ser no sentido vertical do globo e não mais no sentido horizontal.

O Brasil perdeu a grande chance de nos anos 60 utilizar seu potencial para tirar proveito da situação de polarização que então existia. O equilíbrio entre as potências permitia a países como o Brasil, como fez a Índia, usar uma neutralidade política e ideológica na busca de seu próprio caminho. A elite dirigente preferiu o caminho da submissão. O país nunca usou internacionalmente o poder que sua dimensão lhe permite. Países muito menores em população, potencial econômico e posição estratégica em recursos naturais têm tido posições muito mais influentes, e por isso foram mais beneficiados no cenário internacional. A submissão da elite brasileira ao bloco norte-americano fez com que abdicasse de uma posição que poderia ocupar, deixando seus representantes em condições pouco respeitáveis nos fóruns do poder internacional, pelo fato de terem sido vistos como aliados incondicionais dos EUA.

A realidade dos anos 90, com a atual imagem do Brasil no cenário mundial, com a dívida, a crise ecológica, o assassinato de crianças, os claros recordes de degradação social e mesmo moral farão difícil ao país dispor da necessária respeitabilidade para exercer uma liderança internacional. O fim da polarização internacional tornará ainda mais difícil que o Brasil possa manipular uma posição de não-alinhado, como outros fizeram.

Entretanto, o fim dos blocos também elimina ressentimentos e preconceitos e torna necessário que os países excluídos se organizem, alinhadamente entre eles, em vez de definirem suas posições conforme as metrópoles da guerra fria, mesmo quando não-alinhados. O tamanho da dívida e o caos financeiro mundial poderão ajudar o Brasil no cenário mundial.

A dificuldade de enfrentar os riscos do momento, tirando vantagens dele, não parece estar sendo entendida corretamente por muitos dos pensadores e políticos brasileiros. Vários deles vêm defendendo o velho sonho ufanista de que o Brasil pertence ao Primeiro Mundo e a ele deve integrar-se. Deixam de perceber que só uma parte do Brasil cabe e já está dentro do Primeiro Mundo. Ignoram que a incorporação de países do Leste europeu e as limitações de recursos naturais vão atrair as atenções dos países ricos, que tentarão monopolizar os recursos disponíveis no mundo.

A alternativa do Brasil é aproveitar o momento de crise ideológica e procurar definir seu modelo próprio de modernidade.

Os agentes da modernização

A população de cada país caminha para a modernização que lhe parece mais conveniente, às vezes contando com a aliança ou mesmo a liderança de uma parte de sua elite dirigente. Outras vezes, apesar do esforço contrário desta elite.

Foi contra as elites aristocráticas que a população francesa e sua liderança popular e burguesa fizeram sua revolução. Como foi em aliança e mesmo sob a liderança de uma parte da elite que a Europa ocidental caminhou neste século para a modernização social-democrata.

A modernização perversa e excludente do Brasil, a partir dos anos 30, foi realizada pela elite, às vezes com a tolerância e o apoio das massas, manipuladas ou esperançosas. Esgotadas as possibilidades de acumulação crescente de benefícios, chegado o momento de cumprimento das obrigações decorrentes do endividamento externo e interno, e demonstrados os limites de ascensão social para os excluídos e mesmo para parcela das classes médias, essa aliança se desfaz, no começo dos anos 60. A alternativa que se apresentava era de uma modificação do rumo da modernidade, como muitos apresentaram naquele momento, ou da continuação do mesmo rumo, criando-se um sistema excludente. A elite optou por esta segunda alternativa.

O tradicional agente modernizador esgotou assim sua função. A reorientação da modernização vai exigir novos agentes, com propostas alternativas. Uma análise do quadro político atual permite eliminar tipos de agentes modernizadores, comprometidos com as fórmulas tradicionais, e com privilégios incompatíveis com as mudanças.

Parece pouco provável que um movimento de massas organizado encontre formas de ocupar e exercer o poder em direção a um projeto social alternativo coerente e viável. A divisão do povo, em categorias muito diferentes, com interesses inclusive conflitantes, não permite imaginar com plausibilidade, nem desejabilidade, uma alternativa messiânica. A estrutura do poder político, cultural e econômico deixa nas mãos da elite dirigente a quase totalidade do controle social. Não parece provável tampouco que uma minoria contestadora, de algum tipo de socialismo, atinja o poder hegemonicamente e tenha clareza do tipo de sociedade a que se propõe. A liderança das forças partidárias de esquerda se divide em uma perplexidade que vai de grupos radicais que não aceitam considerar a realidade, até grupos cooptados que nem ao menos defendem mudanças substanciais.

Os últimos estão em uma colaboração explícita, que vai inviabilizar as mudanças. Os demais estão em uma cooperação implícita com a direita. Ao defenderem que só o socialismo é capaz de atender às necessidades básicas da população, terminam defendendo os capitalistas selvagens brasileiros. Quando na verdade, sob os mais diversos tipos de capitalismo no Primeiro ou no Terceiro Mundo, observam-se regimes que foram capazes de solucionar o problema das necessidades básicas para a grande maioria da população, mesmo continuando a exploração e a alienação características desse sistema econômico.

As lideranças sindicais, no cumprimento de suas responsabilidades, concentram suas lutas na defesa dos interesses dos sindicalizados, que mesmo explorados representam apenas uma pequena parte da população. Mantêm um discurso corporativo, na defesa inclusive dos privilégios de alguns grupos com níveis salariais só possíveis com a manutenção do atual quadro de concentração da renda.

Do lado da direita, percebem-se grupos que insistem na manutenção rígida do atual *status quo*, e outros que reformulam o discurso, e talvez mesmo algumas propostas, em direção a pequenas reformas que lhes garantam manter as maiorias eleitorais que têm conseguido, sem ceder nos privilégios do consumo concentrado, na especulação, na propriedade improdutiva.

No conjunto, percebe-se que dez anos depois do fim do autoritarismo, as elites brasileiras que avançaram na liberdade política não deram um único passo em direção às reformas sociais. Ao contrário, os dados mostram que a concentração da renda agravou-se e que instrumentos neoliberais começam a ser implantados visando dificultar ainda mais a distribuição.

O quadro de indefinição poderá continuar por mais algum tempo, até formar-se no país uma estrutura partidária capaz de aglutinar base popular em torno a propostas viáveis e transformadoras, que reoriente o atual tipo de modernização arcaica, em direção a uma sociedade realmente moderna.

Entretanto, pode ser esperado que a crise tenha um poder indutor de modificação desse quadro. Parte dos quadros da própria direita já percebe que não basta iludir as massas, será necessário reverter a explosiva situação de indigência. Nos quadros da esquerda começa a surgir uma consciência de que a realidade é mais complexa do que os textos. A análise de classe não pode se limitar ao mecanismo de duas categorias antagônicas. Em um país com a pobreza das massas brasileiras, a luta salarial e sindical não é capaz de incorporar a totalidade dos interesses da população.

A crença em uma utopia

Se a modernização é um processo, ela só tem sentido na medida em que dispuser de um propósito final a ser procurado. Os Estados Unidos dispõem da idéia de realização da liberdade individual e do consumo crescente. A URSS procurou, ao longo de setenta anos, construir uma sociedade igualitária. A elite brasileira se propôs a copiar no país uma sociedade do tipo norte-americano, enquanto diversas parcelas se organizavam tentando reverter essa tendência em direção a um projeto socialista.

Ao menos aparentemente, os anos 90 representam para países do Leste europeu o fim de uma utopia. Os Estados Unidos e a Europa, embora atravessando crises moral, financeira, e mais uma recessão econômica, mantêm-se fiéis ao projeto do capitalismo consumista liberal.

No Brasil, os anos 90 parecem representar a morte das utopias. Do lado capitalista, a elite perdeu a capacidade de oferecer propostas utópicas. Os demais grupos pararam de oferecer alternativas. A grande maioria caiu na procura de solucionar os problemas imediatos, confundindo os objetivos-fins com os meios para alcançá-los. Sob essas condições, a modernização carece de sentido, uma vez que as ações sociais perdem a perspectiva de processo, de destino e de longo prazo.

A alternativa da elite para manter seus privilégios cairá na antiutopia de uma sociedade apartada. As alternativas dos demais grupos estão ainda perdidas na perplexidade da constatação dos custos, do fracasso ou da reciclagem do socialismo. Por outro lado, aqueles que ainda se apegam a velhos sonhos utópicos caem no descrédito, conduzidos por desejos presos a preconceitos comprometidos com velhos modelos.

A população

É óbvio que o futuro depende, sobretudo, da população do futuro. A condição básica para o futuro de qualquer sociedade é dispor de uma população que seja saudável, competente e comprometida. Não é surpreendente, mas é repugnante, que os defensores da modernidade, no seu sentido de cópia das técnicas e dos padrões internacionais, jamais falem da condição básica para o futuro e para a modernização, que é a população de crianças de hoje.

O Brasil que pensa caminhar para a modernização pelo neoliberalismo e pelas técnicas importadas tem sua futura população na condição de menores pobres, abandonados ou semi-abandonados. A continuar o caminho da modernização das últimas décadas, apenas 50% deles terminarão uma única série de educação, apenas 33% terminarão as quatro primeiras séries do primeiro grau, apenas 18% terminarão o primeiro grau e somente 12% terminarão o segundo grau. É neste aspecto que reside a maior de todas as ameaças sobre o futuro do Brasil.

A construção do futuro não ocorrerá sem uma radical decisão de abolir definitivamente o problema do menor abandonado, de assegurar escola integral e de boa qualidade para todas as crianças do país. Qualquer que seja a alternativa ideológica que prevaleça na sociedade brasileira nos próximos anos, a sociedade que desejar construir uma modernidade terá de canalizar todos os recursos necessários para essa finalidade. É uma ilusão imaginar que o crescimento econômico, induzido por qualquer meio, e com qualquer forma de distribuição entre salários e lucros, irá solucionar este problema. Poderá até agravá-lo. A única alternativa é um projeto nacional em que a dimensão econômica esteja efetivamente subordinada aos objetivos sociais, tanto no que se refere aos recursos financeiros necessários, quanto à escolha da estrutura produtiva e tecnológica.

Um dos melhores exemplos do enfoque equivocado dos modernistas arcaicos é como defendem com vigor a modernização pela compra de todas as mais novas técnicas que existam no exterior, sem um mínimo de cuidado e referência à solução do problema do menor abandonado que já compõe o quadro do futuro do país. Quando provocados, alguns deles, por total ignorância ou por hipocrisia, afirmam que o futuro do Brasil, inclusive o destas crianças abandonadas, está na importação das técnicas. Não olham ao redor para ver que, nestes sessenta anos, as complexas técnicas importadas tiveram um papel no agravamento do problema da segregação social crescente e de forma dramática da pobreza.

O problema da população brasileira não se limita apenas ao aspecto educacional, até porque ele não será enfrentado corretamente sem um projeto abrangente para o país. De qualquer forma, é pelo problema da educação do Brasil que se iniciam as prioridades de sua modernização.

A EDUCAÇÃO PARA O BRASIL MODERNO

Há hoje um consenso no Brasil: o baixo nível educacional da população e a necessidade de medidas que visem corrigir esta situação. Mas, há um equívoco na idéia de que a crise da educação se dá apesar do processo de modernização, e não devido e coerentemente com a forma como o Brasil foi modernizado.

A deseducação da população brasileira é parte do processo de modernização, na medida em que a opção socioeconômica definiu objetivos que se chocam com a prioridade à educação. Embora uma parte dos educadores culpe os governos pela desconsideração como a educação foi atendida, essa desconsideração tem sido coerente e compatível com a forma como o conjunto dos brasileiros vê o problema e define suas prioridades.

Diferentemente dos povos cujas influências históricas dão prioridade à educação, como no Oriente confuciano, e nas nações ocidentais que combinaram a economia com propósitos sociais, como no Leste europeu, em Cuba, Costa Rica e países da Europa ocidental, no Brasil a educação foi vista, desde o período colonial, como um luxo, ou um instrumento ao desenvolvimento econômico, e não uma finalidade do processo civilizatório. Por esse motivo, a educação não será prioridade no Brasil, enquanto o país não for educado para incluir a educação entre as prioridades do seu processo de modernização.

O processo modernizador passa necessariamente pelo aumento da produtividade do trabalho, de forma a ampliar-se a produção *per capita*. Mas esse não deve ser seu objetivo. O propósito deve ser o aumento dos valores à disposição da sociedade. Não apenas sob a forma de bens materiais, mas, sobretudo, de valores culturais. Nessas condições, a educação passa a ser o objetivo central da modernização, como um fim em si e como meio pelo qual passam todos os caminhos que levam à criação de uma estrutura socioeconômica eficiente.

Lamentavelmente, entre todos os países, o Brasil tem sido aquele que mais coerentemente e durante mais tempo relegou a educação aos objetivos econômicos. Abandonou a instrução de suas massas e deseducou sua elite, ao instruí-la comprometida integralmente com interesses desvinculados da realidade e das necessidades do país. Quando volta o discurso modernizador, por parte da mesma elite que há décadas governa o país, outra vez se concentra o esforço nos meios técnicos, relegando totalmente o processo de educação global da população brasileira.

Os governos investem nesse setor o que sobra do apoio à dinâmica econômica, e ainda assim, dirigindo os poucos recursos para a educação que serve à infra-estrutura econômica. Mas a falta de recursos não é a causa, e sim o sintoma de uma crise educacional onde mesmo a educação está deseducada, em relação ao seu propósito e aos seus meios.

A educação da educação

A educação, através dos educadores, demonstra que não está educada. A maior parte dos educadores acha que a falta de recursos é o problema central da educação. Vêem a educação como um fenômeno isolado, capaz de encontrar caminhos dentro da própria educação, desde que lhe sejam oferecidos os recursos necessários.

Iniciada no regime colonial, consolidada em um país dividido e dependente, a educação brasileira nunca teve oportunidade de educar-se ela própria. Não teve objetivos que visassem a educação como meta de seu povo, e instrumento da construção de uma modernidade que significasse ampliação do horizonte de liberdade. Não contemplou objetivos sociais, como na Europa, no Japão e na Coréia, e mesmo em outros países latino-americanos. Usou instrumentos, objetivos e métodos de uma sociedade dependente e a serviço apenas de uma minoria. A educação foi relegada e confundida como simples instrumento de promoção de indivíduos em sua busca de ascender socialmente. Ensinando a elite a ver o Brasil com olhos de estrangeiro e a defender-se cada um egoistamente na luta de uma sociedade não solidária. E oferecendo a alguns jovens das massas pobres o uso da instrução como forma de mudar de lado, saltando a barreira da apartação social, com a mesma visão de descompromisso e egoísmo.

A maior parte dos defensores do ensino público concentra seus esforços na luta pela estatização, sem explicitar uma preocupação com a reforma necessária para transformar a instrução estatal em uma educação a serviço dos interesses públicos e do futuro. Alguns não defendem a necessidade de avaliação, de demissão dos incompetentes e dos irresponsáveis, nem um compromisso com a qualidade e a busca de soluções para os problemas do país e do seu povo.

Por isso, a educação precisa ser educada. Precisa começar a ver e entender o Brasil com olhos brasileiros, com objetivos de brasileiros, com as especificidades de nossos valores culturais e das nossas possibilidades naturais, visando criar instrumentos que permitam a modernização real do país. Incluindo uma moderna definição do conceito de moderno. Sobretudo, ela precisa sair do enfoque fechado de seus interesses próprios, como a vêem e a mantêm os educadores, e ser vista como a manifestação do compromisso maior de uma sociedade que busque quebrar suas barreiras sociais.

O Brasil é um dos poucos países do mundo que, desejando, tem como fazer esta educação da educação. Tem o necessário número de quadros preparados, os recursos reais para montar os centros de ensino, os instrumentos técnicos adequados para realizar a pedagogia para as grandes populações, tem massa crítica de intelectuais capazes de se livrarem do colonialismo cultural e formularem uma visão brasileira do Brasil.

Abolição do analfabetismo

O primeiro gesto de modernidade de um país, no final do século XX, deve estar em abolir o analfabetismo de todos que desejem aprender a ler.

Em um país com a disponibilidade de recursos técnicos, de capital e de organização administrativa do Estado, a existência de analfabetismo crônico é fruto de uma deliberada opção ou omissão dos governos, com a conivência das elites, de usar os recursos públicos para outras finalidades. Se um mínimo de recursos humanos, de infra-estrutura e apoio financeiro fossem concentrados nesse esforço, seria possível, em poucos anos, abolir toda forma de analfabetismo. Desde os anos 60, o Brasil tem sido reconhecido internacionalmente pelo trabalho do educador Paulo Freire em favor da alfabetização rápida e conscientizadora. O Brasil é o único grande país do Terceiro Mundo que está totalmente integrado em um único idioma. Tem as indústrias necessárias para atender a todas as necessidades que possam advir da luta contra o analfabetismo, desde o setor de construções até o setor da indústria editorial, passando por material pedagógico e por potencial energético para o uso do horário noturno.

O ensino básico

Nada caracteriza melhor o vazio dos discursos dos velhos modernizadores que hoje propõem o Brasil da integração internacional, do que observar o resultado da educação brasileira depois dos anos de governo que eles comandaram. Do total de 31 milhões de crianças em idade escolar, quatro perambulam pelas ruas sem condições ao menos de matrícula; dos 27 que a obtêm, 15 milhões não conseguirão completar as quatro primeiras séries do primeiro grau; apenas 5 milhões completarão o primeiro grau; e, destas, 3 milhões chegarão ao final do segundo grau. Mas, mesmo aquelas que entrarão no próximo século com um mínimo de formação, a quase totalidade freqüentou escolas em períodos mínimos, em prédios insalubres, com professores desmotivados, sem recursos, cursos parciais e interrompidos.

A alfabetização é um ponto de partida, mas o ensino básico, até a conclusão do segundo grau, é uma necessidade social da população de qualquer país, como parte do caminho para realizar sua modernização real. Também nesse setor, o abandono é fruto de uma opção social feita pelos governos, sejam eles autoritários ou democraticamente controlados pelas elites. No que se refere aos insumos específicos do processo educacional, o país dispõe de todos os recursos para que cada criança e jovem possa cumprir até o último grau do ensino básico. Além da consciência social e vontade política para dar prioridade ao assunto, a maior dificuldade para executar uma política desse tipo situa-se fora do âmbito específico do setor: está na desnutrição, na necessidade de crianças trabalharem, no baixo nível de saúde. Por isso, durante um longo período, um programa educacional público deverá, necessariamente, incluir objetivos setoriais que vão além da educação, como alimentação escolar completa, atendimento médico na escola e até mesmo um sistema de seguro que compense os pais desempregados pela perda da mão-de-obra que representam seus filhos. Este será, certamente, um dos pontos que sofrerão resistência de parte das elites, inclusive entre assalariados que insistirão que esse não é o papel da educação. Dirão que escola não é hospital ou hotel, e que a merenda distorce o papel da educação porque concentra a criança na busca de alimentação em vez de instrução. De fato, distorceria em um país sem miséria, sem fome, com um serviço de bem-estar social. Mas nesses países o aluno não precisa ir à escola em busca da comida que já tem em casa. No Brasil, a educação separada do resto do sistema social privilegia aqueles que estão integrados na atual modernidade e não permitirá o cumprimento da modernização real.

Para isso, é preciso canalizar os recursos de que o país já dispõe. Fazer com que a educação tenha suas exigências definidas e atendidas, com prioridade absoluta sobre todos os demais setores. Ao mesmo tempo, porém, a sociedade que dá prioridade dessa forma à educação terá o direito e a obrigação de exigir o máximo de rigor em relação ao trabalho dos educadores. Enquanto lhes assegura liberdade de cátedra, deve fazer uma avaliação permanente e intransigente sobre o trabalho dos educadores. Nenhuma concessão e tolerância podem ser feitas com aqueles que não cumprem com o máximo de rigor e excelência a função de educar.

A consciência coletiva

A educação não se extingue na instrução, apenas passa por ela. Talvez esteja na fragilidade de uma consciência coletiva nacional o maior indicador da deseducação brasileira. Fosse um país optar entre uma população instruída sem cultura ou com uma intensa atividade cultural e sem instrução, melhor seria optar pela cultura, na busca da promoção da liberdade e da ampliação do patrimônio global. A instrução, entretanto, em vez de ser um empecilho, deve ser transformada em um complemento necessário para fazer avançar a cultura. Para tanto, além de uma instrução de base consubstanciada em métodos libertários e em sintonia com a cultura do povo, é preciso que um intenso programa de promoção cultural seja organizado para toda a população.

O Brasil, embora seja um país em crescente processo de aculturação, decorrente especialmente do uso dos meios de comunicação em benefício de culturas mais facilmente comercializáveis, dispõe dos meios necessários a uma intensa promoção cultural. Além de um único idioma que facilita o processo de comunicação, tem um eficiente sistema de telecomunicações, uma respeitável massa crítica de intelectuais, e uma população com ânsia cultural.

Cabe à sociedade brasileira, através de um governo democrático, entender o significado e o papel da cultura, e utilizar os recursos disponíveis para a sua promoção, sem deixar que ela seja apropriada pelo governo ou seu partido. Para evitar o risco de oficialismo, é preciso que essa promoção seja realizada pelos agentes sociais: os artistas, os intelectuais e as empresas de comunicação; sob avaliação conduzida por órgãos da sociedade civil, independentemente de partidos.

O papel estatal de apoio à cultura deve abandonar a função de promotor financeiro de atividades artísticas, para se transformar, de fato, em promotor de cultura. Através de mecanismos legais e incentivos, é possível orientar o sistema brasileiro de telecomunicações, de forma competente e voluntária, para fazer parte do esforço educacional do conjunto do país. Para tanto, cabe a um governo preocupado com a educação do Brasil a realização de um intenso programa de ensino a distância, que leve a educação às casas, às ruas, aos locais de trabalho de cada cidadão. Nenhum país tem condições de levar 150 milhões de pessoas à escola, mas tem a obrigação de levar a escola aos 150 milhões.

A educação da universidade, da ciência e da tecnologia

A visão eficientista e descomprometida da educação aprisionou o ensino superior, organizado e visto como degrau de uma escada social, e um instrumento do projeto de uma sociedade dependente e segregada. Por essa razão a universidade recebeu prioridade durante os anos da ditadura e da montagem do milagre econômico. Enquanto as escolas primária e secundária eram destruídas, a universidade recebia recursos para formar pessoal, comprar equipamentos, construir prédios, dentro do interesse do modelo econômico em implantação.

Mesmo os críticos da elitização criticam a universidade por receber apenas os filhos dos ricos e quase-ricos, mas aceitando a perspectiva de ela continuar como uma escada social; não fazem a crítica ao fato de que a universidade serve, sobretudo, aos que nela ingressam e à pequena elite que tem acesso aos serviços dos que dela egressam. A prova disso é como defendem a privatização e o fim da gratuidade do ensino superior, em vez de proporem tornar pública a universidade estatal que serve basicamente à minoria privilegiada e seu arcaico projeto de modernização. A privatização e o pagamento seriam a forma encontrada pela elite para continuar com a universidade descomprometida com o futuro.

A construção de uma nova modernidade vai exigir uma educação da própria universidade, viciada em cumprir o arcaico projeto de formar os jovens, da elite ou não, para servirem aos privilegiados de uma economia excludente, antinacional e inviável.

Essa educação deve começar pelos professores universitários, uma parte dos quais está de tal forma subordinada à visão tradicional de modernidade, que concentra suas reivindicações em verbas e salários, e raramente nas mudanças para uma nova universidade.

A nova universidade deverá aliar a busca intransigente da qualidade em cada área, com o compromisso de pôr essa qualidade a serviço do futuro, o que representa, necessariamente, a procura de soluções para os problemas nacionais, nas áreas tecnológicas.

Ao lado da educação de base e superior, deverá ser realizado um intenso programa de investimento no setor de ciência e tecnologia. Mas esse investimento não pode cometer o erro do passado: ver a ciência e a tecnologia como instrumentos neutros, em um programa imitativo. O desafio do desenvolvimento científico e tecnológico deve ser subordinado aos valores da criação da sociedade harmônica, em vez de ser visto como uma maratona que o Brasil tenta ganhar contra os países que definem as regras da corrida.

Nos países desenvolvidos, a ciência e a tecnologia têm sido instrumentos do processo de crescimento industrial e de acumulação do capital, sobretudo interessando aquelas descobertas que colaboram para dinamizar o processo produtivo, independentemente dos resultados sociais. Graças às conquistas sociais, as novas técnicas dispõem de formas razoavelmente eficientes de espalhar seus benefícios a uma parte grande da sociedade.

Se os saltos científicos e tecnológicos são definidos no exterior, as descobertas feitas internamente não terão valor, ou tanto terão que serão rapidamente apropriadas pelos grupos externos, deixando poucos resultados dentro do país.

É claro que, por mais recursos que sejam investidos, em muitos setores de ponta, os países em desenvolvimento dificilmente conseguirão atingir o nível de vanguarda do conhecimento que têm os países ricos, se este nível for definido pelos ricos. É preciso saber quais os atrasos que trazem desvantagens e quais são aqueles que não afetam a solução dos problemas nacionais.

O ponto básico de uma estratégia de desenvolvimento científico e tecnológico consiste em tratá-lo em sintonia e subordinado a objetivos sociais, sem a falsa independência do processo de imitação no qual caíram os países pobres. Não se trata da ilusão de buscar uma ciência e tecnologia brasileiras. Trata-se de entender que, em cada momento, algumas das descobertas científicas e tecnológicas do mundo servem ao Brasil, outras não servem. E algumas que são relegadas como sinal de atraso, em outros países, podem ser úteis ao Brasil.

A educação da economia

Nas últimas décadas, influenciados pelo pensamento funcional-eficientista dos EUA e da Europa ocidental, a quase totalidade de nossos economistas assumiu a posição de considerar os assuntos sociais, especialmente a educação, como um instrumento do crescimento econômico. As técnicas de benefício-custo foram desenvolvidas e aplicadas, visando determinar qual o menor investimento necessário na educação para atender às necessidades da economia nacional. Ao lado de uma política global consistente, essa visão contribuiu para que, em poucos anos, o país apresentasse um dos maiores PIBs do mundo. Industrializando e urbanizando mas também gerando a mais perversa, ineficiente e instável sociedade deste final de século.

O social foi submetido ao econômico, submetendo o bem-estar social ao cumprimento das funções necessárias ao crescimento. A educação foi relegada, dentro da perspectiva de que não passava de um meio para a economia crescer.

Os resultados mostram que essa política fracassou.

A educação da economia e dos economistas não é tarefa simples nem rápida. Os preconceitos arraigados, a rigidez das premissas, o desprezo pelas preocupações éticas dificultarão reverter uma tendência de décadas e até mesmo de séculos. Graças a uma subordinação da economia aos objetivos sociais, os economistas e a ciência econômica terão condições de assumir como objetivos a alfabetização, a educação de base, a ampliação cultural, a criação e uso do lazer, passando a ver como meios a capitalização, a industrialização, a própria produção de bens, de uma maneira geral.

A educação das elites

Desde sua origem, a sociedade brasileira tem estado dividida em uma elite privilegiada e uma maioria marginalizada. A partir dos anos 60, a divisão começou a transformar-se em segregação, em todos os níveis: político, impedindo-se a participação e o exercício do poder; econômico, ampliando-se o fosso no nível de consumo; cultural e educativo, à medida que a elite teve acesso a uma formação internacional, enquanto a maioria era abandonada ao analfabetismo e sem condições educacionais mínimas.

O autoritarismo necessário para viabilizar tal alternativa trouxe desvantagens para a própria elite. A divisão econômica trouxe violência. A ampliação dos benefícios provocou endividamento e inflação. A elite percebeu, com diferentes matizes, a necessidade de uma redemocratização. Mas esquece, ou faz de conta que esquece, que os males sociais e econômicos estão vinculados ao tipo de modernização que foi seguido. Não considera que não há como democratizar mantendo o atual nível de privilégios e de concentração da renda e do consumo, conquistados graças a uma ditadura de vinte anos.

A elite brasileira, deseducada, mesmo quando instruída, é incapaz de entender a realidade de sua sociedade, propor objetivos comuns e definir seu próprio papel na realização desses objetivos. Despreza os valores da cultura nacional, concentra-se apenas na busca de propósitos consumistas, com base em uma visão importada, desajustada das realidades e da disponibilidade de recursos do país. Apesar de instruída, ela é aculturada e sem cultura. Os ricos e os muito-ricos são ainda mais grosseiramente deseducados. Sentam sobre milhões de hectares improdutivos, enquanto milhões de famílias padecem por falta de terra para trabalhar. Mantêm suas fortunas na especulação e no consumo suntuário, enquanto, ao redor, uma centena de milhões nada têm.

Os quase-ricos concentram suas críticas no consumo dos muito-ricos, sem perceberem que estes são tão poucos que o total do que consomem, se fosse distribuído, não seria suficiente para atender às necessidades das grandes massas. A elite diz-se democrática, mas defende os privilégios oriundos da ditadura. Assume de tal forma sua deseducação, que não reconhece como privilégio o nível de benefícios que tem. Irônica ou ignorantemente afirma que seus privilégios devem ser estendidos a toda a população, sem levar em conta o fato óbvio de que eles só são viáveis graças à sua concentração em uma minoria da população.

Essa insensibilidade e o apego aos privilégios é a maior prova da deseducação da elite brasileira. Para se educar, ela deverá perceber que seus benefícios são suntuosos e viabilizados pela concentração da renda e do consumo, com a exclusão da maioria da população em um processo de apartação social; saber que é inviável manter por muito tempo o grau de injustiça do qual se beneficia; compreender os limites da economia; finalmente, educar-se a ponto de entender que deve diferenciar o nível de vida, cuja ampliação é um direito a que todos devem buscar, do nível de consumo, que tem limites sociais e naturais.

Como conseqüência da deseducação, a elite perdeu a capacidade de entender a realidade nacional, seus problemas e suas alternativas. A cada dia os jornais indicam notícias do aumento da miséria, colapso dos setores sociais, assassinato de crianças, policiais presos por matar estrangeiros, seqüestros, falências de empresas privadas e degradação de públicas, mas os comentaristas, presos à visão economicista dos interesses da minoria, insistem que as coisas vão bem, porque o déficit público diminuiu. Os anos 70, com toda repressão política e implantação de uma sociedade de apartação são vistos como anos do milagre; enquanto que os anos 80, apesar de todas as conquistas políticas, com o fim da ditadura, uma nova Constituição, a eleição direta para presidente, são vistos como uma década perdida. Irresponsável e cegamente, os políticos da elite desprezam e brincam com os direitos e as emoções da população; ignoram os interesses nacionais.

Não será fácil educar a elite. Fruto de uma grande deseducação, desde seu nascimento senhoril em uma sociedade escravocrata, a elite brasileira, em níveis talvez equivalentes aos brancos da África do Sul, é míope, mesquinha, dependente. Mas ela não terá alternativas. Ou se educa olhando o Brasil como brasileira, ou será destruída pelas massas, com prejuízos para todo o país. O modelo de descolonização da África austral serve de exemplo. O apego ao colonialismo das elites brancas européias de Moçambique e Angola obrigou a sua expulsão, com graves prejuízos para todos. A opção do Zimbábue, com a permanência dessas elites no período posterior à independência, tem trazido as vantagens de manter-se um sistema produtivo funcionando eficientemente, ao mesmo tempo que incorpora as massas nos benefícios. A grande chance do momento, no Brasil, está em que o modelo já demonstra impossibilidade de atender aos interesses da elite consumista. Uma parcela da chamada classe média começa a ser marginalizada diretamente e através do futuro previsível de seus filhos, que não terão o mesmo nível de consumo obtido graças à dívida externa, à manipulação de preços, salários e subsídios, e sobretudo ao autoritarismo que viabilizou a concentração dos benefícios. Essa parcela da elite dispõe hoje das condições para fazer sua educação, e em decorrência, sua opção por um futuro realmente moderno para o país. A falta de recursos financeiros é apontada como o maior empecilho à realização de um abrangente e ambicioso programa educacional.

Isto é, em si, fruto da deseducação. Em vez de raciocinar em termos de necessidades e recursos reais, trabalha-se com base na demanda e nos recursos financeiros. O Brasil não solucionará o problema da educação se observar suas limitações em função das contas financeiras governamentais. Estivesse o país em guerra, não se ia analisar se o governo dispunha de receita, mas se a indústria era capaz de reciclar-se para produzir as armas de que se necessitava.

A educação do poder

Depois de 21 anos de ditadura, quando os políticos existiam para dizer sim ou não, só agora começa a prática de um real exercício de poder por parte dos políticos e da cidadania. Mas com vícios do passado, especialmente das posições apriorísticas, a favor ou contra, sem análises, e sem responsabilidade para com o futuro. Tanto por parte dos eleitores, como por parte daqueles que têm mandatos.

A política da direita se dedica a manter o *status quo* da injustiça, do desrespeito ao povo e da dependência. A esquerda continua na defensiva do discurso oposicionista, e prisioneira do corporativismo e dos temas definidos por iniciativa da direita. Alguns de seus militantes caem no isolamento do sectarismo, desculpando o capitalismo selvagem brasileiro, ao assumirem que só o socialismo será capaz de enfrentar os problemas da maioria da população; quando se sabe que nenhum outro país capitalista tem o quadro de degradação em que o Brasil foi jogado.

A política e os políticos terão de ser educados para a democracia e para o futuro. Uma nação com a dimensão e a crise social brasileira tem de consolidar seus princípios básicos: soberania, liberdade, justiça, eficiência. O que não deve é aprisionar estes princípios a definições antigas, nem a velhas estratégias. Por ingenuidade, por maquiavelismo ou por incompetência, alguns propõem o fim da ideologia como caminho para essa educação. Ao contrário, é hora de fortalecer ideologias, sem confundi-las com preconceitos ideológicos do passado. As alianças devem ser feitas com base na coincidência de interesses para o futuro. Mais do que discursos contra uma ditadura que já passou, o que caracteriza o compromisso com o futuro é a defesa de uma modernidade real, é a integração na luta pela educação, pela saúde coletiva, incorporação das massas nos benefícios da economia nacional, pela solução dos problemas nacionais e a construção de uma sociedade eficiente. É envolver-se na prática do dia-a-dia de um país em busca de um destino.

Nesse sentido, as idéias progressistas e conservadoras, de esquerda e direita, se mantêm com categorias. Muda o conteúdo do que define cada uma dessas categorias, exigindo uma longa educação política em um país prisioneiro de preconceitos; eliminando-se preconceitos por princípios, e ajudando a sociedade a diferenciá-los.

Por essa reciclagem e educação deverão passar, sobretudo, as forças políticas da esquerda.

Uma das conseqüências da modernização tradicional e excludente foi a cooptação das esquerdas na visão ideológica do sistema. A esquerda brasileira tem estado prisioneira da visão tradicional, e dos interesses de classe que se enquadram dentro do sistema industrial concentrador e autoritário. A estrutura de classes que utiliza são antiquadas e desadaptadas. Com raras exceções, os discursos e propostas das esquerdas praticamente deixaram de considerar os interesses de milhões de brasileiros que constituem o setor informal, dos ambulantes, dos zeladores de automóveis, dos artesãos, dos marginalizados, que não se enquadram nos esquemas teóricos nem na organização sindical. Baseiam-se nas análises de classe dos países desenvolvidos e concentram-se nos interesses de trabalhadores organizados, muitos deles com níveis salariais só possíveis graças a privilégios.

É por essa razão que a esquerda brasileira é mais sindicalista do que popular. Prisioneira da visão tradicional de modernidade, concentra suas bases no proletariado dos setores mais dinâmicos. As reivindicações se concentram na luta pela melhoria salarial dos trabalhadores incorporados ao sistema, relegando os interesses da maioria marginalizada, que é considerada, de forma desprezível, como lúmpen. Como parte do atual sistema socioeconômico, a esquerda tem dedicado mais energia para manifestar seu ódio aos conservadores do que para encontrar soluções e sintonizar-se em uma relação de amor com o povo. E, como conseqüência, realiza alianças confusas e ineficientes, tentanto conciliar interesses incompatíveis das grandes massas com partes reacionárias da elite. Defende privilégios, acoberta ineficiências do Estado, mesmo contra o povo. Deixa a populistas de direita o discurso dirigido às grandes massas.

A esquerda que desejar ser agente da modernização terá de entender a realidade de um país dividido, em processo de apartação social, e descobrir como aliar os desejos das grandes massas do setor informal com as reivindicações dos trabalhadores organizados do setor mais eficiente da economia. A esquerda brasileira não será um elemento do futuro, se se comportar como parte do sistema, igual à esquerda branca da África do Sul. Progressista, mas branca, apartada da maioria negra. Mesmo quando luta contra o capital, visa a melhoria salarial dos trabalhadores brancos.

MODERNIZAR É ACABAR COM A DESNUTRIÇÃO

Até este século, a fome era um fenômeno restrito a algumas áreas e determinados períodos, quase sempre devido a razões naturais, como no caso das secas ou da monocultura do açúcar, no Nordeste. Foi com a modernização que a desnutrição espalhou-se por todo o território brasileiro e por grupos sociais que antes dispunham da necessária quantidade de alimentos para a sobrevivência.

Com a dimensão e a variedade de terra de que o Brasil dispõe, a fome é o resultado das opções econômicas e mesmo da engenharia que visa modernizar o país: da decisão de industrializar, de urbanizar, da política de preços e salários, da preferência por divisas e da visão exportadora, do nível dos juros, da busca da eficiência, do lucro máximo e, sobretudo, da propriedade especulativa da terra.

O problema nada tem a ver com a disponibilidade de recursos, seja em terras, em capital, em técnicas de produção e de organização e distribuição do produto. A crise nutricional brasileira é artificial, no sentido de que decorre de decisões tomadas pelos agentes econômicos, os produtores e o governo. A fome, no Brasil é fabricada. Induzida por políticas e leis.

Desde o início da colonização, a terra, as técnicas e a mão-de-obra agrícola foram concentradas para gerar riquezas no mercado internacional e não para elevar o nível alimentar da população. Já havia uma visão do propósito produtivo desvinculado das necessidades sociais, e uma convicção de que a maximização do processo econômico traria a solução dos problemas sociais. Mas a inexistência de um mercado dinâmico exigia e permitia que a indústria açucareira convivesse com a produção de bens de subsistência. A pobreza era gritante, a sobrecarga de trabalho equivalia aos níveis da escravidão e até ultrapassava, mas convivia com um atendimento mínimo de alimentos.

A economia agrícola brasileira pouco mudou em termos de propósito e racionalidade, orientando-se basicamente para a exportação. Mudou a forma como os agentes passaram a trabalhar. Os modernizadores arcaicos continuam, entretanto, defendendo como moderna uma lógica agrícola de quinhentos anos.

A Companhia das Índias Orientais foi substituída por empresas brasileiras, alguns dos produtos foram substituídos, observou-se uma crescente capitalização com implantação do trabalho assalariado e conseqüentemente uma total especialização, o governo passou a intervir no processo produtivo através da pesquisa científica e da política de preços, mas o processo manteve a racionalidade de buscar no mercado externo a maximização econômica, com total desprezo pelas exigências sociais com a alimentação da população. Além disso, a propriedade concentrada em terras especulativas e a industrialização e urbanização atraindo a população para as cidades levaram a uma pressão crescente na demanda, sem uma correspondência na produção voltada para o mercado interno.

O resultado é que o país, cuja economia é uma das primeiras exportadoras de alimentos no mundo, tem uma das mais famintas populações. A realidade desmentiu a tese de que a fome era um problema de adversidades climáticas e de subdesenvolvimento. Já no final dos anos 40, Josué de Castro manifestava a existência de uma oposição entre a política de crescimento industrial e o enfrentamento do problema da fome no país. Apontava o risco de que o crescimento econômico poderia ter efeitos nocivos, agravando o problema da fome.

Mesmo os críticos que reconhecem a dramaticidade da situação alimentar costumam defender o argumento de que o problema decorre da estrutura de preços e de salários. Ficam presos à mesma lógica atual. A curto e médio prazos, é impossível que os salários da maioria dos brasileiros consigam assegurar uma demanda em condições mais vantajosas do que aquelas que oferece o mercado internacional. Do ponto de vista da racionalidade econômica, por muitas décadas ainda será mais eficiente e moderno produzir no Brasil alimentos para gado na Europa do que para as crianças do país.

O problema também não será resolvido por meio de uma distribuição da terra. Os novos produtores não disporão automaticamente das técnicas necessárias nem do capital para garantir a produção. Além disso, muitas das pequenas propriedades preferirão beneficiar-se das vantagens do mercado internacional, sacrificando a demanda interna de alimentos.

A solução do problema da oferta de alimentos é também um problema econômico, mas exige um enfoque não economicista. Não pode ser encontrada através das leis do mercado ou das técnicas de uma planificação centralizada.

Ela exige uma revisão nos meios que definem o propósito da atividade econômica. Em vez de orientar-se apenas pela maximização do lucro em uma economia de mercado, a produção agrícola deve, respeitando o lucro, ser orientada, primeiro, para abastecer de alimento o mercado interno. Para tanto, necessita-se de uma reversão nas tradicionais políticas desde o tempo da Colônia, de dar prioridade à agricultura exportadora em detrimento daquela voltada para o mercado interno. A política de preços deve sofrer a intervenção do governo, a política cambial, as prioridades de pesquisas científicas, de armazenagem, de transporte, de financiamento, todas necessitam desempenhar o papel de suporte na solução do problema da alimentação. Como simples exemplos, órgãos de pesquisa agropecuária não devem dar prioridade ao estudo dos produtos voltados para exportação; os cursos de Nutrição das universidades não devem dar mais ênfase aos trabalhos dietéticos de emagrecimento do que aos de descobrir dietas alternativas de alimentação.

Obviamente, a estrutura da propriedade e do uso da terra terá de ser reorientada. O Brasil tem uma enorme extensão de terra sem homens para plantar, porque os seus proprietários preferem deixá-la improdutiva, ao mesmo tempo que tem uma enorme quantidade de homens sem terra, porque não têm acesso à propriedade nem à terra dos outros em condições dignas de trabalho. Em um país com o nível de desabastecimento alimentar do Brasil, a propriedade improdutiva da terra é uma irracionalidade e um arcaísmo, embora defendida fortemente pelos que dizem defender a modernização. Uma subordinação da propriedade da terra aos interesses sociais é uma condição básica para qualquer passo de modernidade real no país.

Mas é preciso que essa reforma deixe de ser uma finalidade em si, e assuma seu papel de meio para enfrentar o problema social. Nas últimas décadas, em seu apego a palavras-de-ordem, uma parte das esquerdas brasileiras perdeu o sentido de propósito, confundiu o meio, que está na reforma, com o fim a que ela deve se propor, que é o aumento da oferta de alimentos e a elevação do nível de vida do trabalhador rural.

Da mesma forma, a opção tecnológica deve ser vista como meio e não como uma finalidade em si. O aumento da produtividade agrícola é uma condição básica da modernização, mas perde sentido se o aumento ocorre junto com a redução na oferta interna e no nível de vida do trabalhador rural. A produtividade concentrada na produção dos bens voltados para a exportação e provocando desemprego no campo nega os objetivos a que deve se propor. Por isso, em uma proposta de modernização real, o avanço técnico deve estar subordinado ao propósito social de solução do problema da fome.

MODERNIZAR É IMPLANTAR UM SISTEMA EFICAZ DE SAÚDE COLETIVA

Como ocorre com a educação, a saúde vem sendo vista como um insumo do processo econômico, e não como uma necessidade intrínseca do processo social. A saúde é vista como uma forma de incrementar a produtividade e os lucros. Os planos de desenvolvimento sempre contiveram um capítulo sobre a saúde, vista como um insumo para dinamizar a economia, e não, ao contrário, a economia como uma forma de criar a infra-estrutura necessária ao fornecimento das condições de atendimento médico. Os proprietários de hospitais, os médicos particulares e os sistemas de seguros vêem a saúde como um problema de oferta e demanda de mercadorias: os investimentos e os custos de um lado e a disponibilidade de renda do consumidor do outro.

Em um sistema economicista, a doença é um instrumento de dinâmica econômica. A procura de solução gera um movimento de rendas, incentiva investimentos, ajuda a elevar o PIB. Visando a modernização arcaica, a doença se transforma em fonte de bons negócios: como a guerra. E, portanto, não seria interessante evitá-la. Torna-se conveniente manter um grau de doenças que dinamize a produção e o comércio de remédios, remunere os investimentos em fábricas de equipamentos hospitalares e os próprios hospitais.

Um dos exemplos de como a política de saúde tem sido vista como instrumento de dinâmica econômica é a alegação de que o sistema público entrava o desenvolvimento científico que os laboratórios e fábricas privadas criariam, a partir da concorrência entre eles. Defende-se uma perversão na organização de uma sociedade onde o avanço da ciência para a melhoria da saúde está vinculado ao aumento do lucro, derivado de uma concorrência entre empresas. Se a concorrência dinamiza descobertas, gera também dispersão de recursos, com uma ineficiência superior àquela onde o processo científico for organizado diretamente pela motivação de encontrar soluções aos problemas das doenças. E que busque soluções preventivas, em vez de utilizar a doença e sua cura como meio de lucro. É um fato que o país com maior liberdade empresarial na área médica, com maior movimento de gastos *per capita* com tratamentos médicos, como é o caso dos EUA, não é um país com uma população em condições favoráveis de saúde. Remédios novos não são oferecidos, se o laboratório que os inventou ainda não recuperou o investimento feito com o anterior a ser substituído. Muitos equipamentos são postos no mercado, encarecendo os custos e marginalizando clientes, porque propiciam maiores ganhos, apesar de pouco avanço no objetivo da cura. Remédios monopolizados têm seus preços fixados conforme o máximo de lucro, e não conforme os objetivos desejados por sua finalidade maior, que seria a cura de um número crescente de pessoas.

Nada indica que um país que dê ênfase aos investimentos públicos em saúde terá um crescimento menor no avanço das técnicas médicas. Cuba e os países do Leste europeu são exemplos de como a saúde pode avançar simultaneamente no universo do atendimento e nas técnicas. No Brasil, os avanços conseguidos têm sido possíveis graças a escolas públicas e hospitais do Estado, que muitas vezes transferem as técnicas para que grupos privados obtenham lucros.

A busca de saúde só se transforma em algo eficiente se for vista como objetivo, e não como meio para negócios ou para aumentar a produtividade da economia.

As políticas de saúde do Brasil, hoje e ao longo de toda a sua história, desprezam aqueles que estão desempregados, marginalizados do processo de produção, ou os trabalhadores de fácil substituição. As epidemias são toleradas quando ficam restritas aos bolsões marginalizados. As políticas preventivas são abandonadas, salvo quando necessárias para evitar epidemias que possam atingir as elites. A erradicação da paralisia infantil é um dos exemplos da competência da saúde coletiva brasileira. Enquanto isso, a desnutrição, a dengue, a doença de Chagas, a esquistossomose são toleradas porque se limitam a regiões, bairros e classes pobres.

Como resultado dessa modernidade, em poucos países do mundo uma parte da população tem acesso a um atendimento médico tão refinado quanto aquele que serve às parcelas rica e quase-rica do Brasil. Contam com alguns dos mais bem equipados hospitais e alguns dos mais competentes médicos do mundo, ambulâncias aéreas, remédios de última geração. Os membros da parcela mais rica não apenas têm a esperança de vida equivalente e superior à média dos países ricos, mas inclusive evitam o envelhecimento graças às técnicas de geriatria e cirurgia plástica. Enquanto isso, 80% da população não têm acesso aos mínimos serviços necessários a um atendimento médico compatível com o atual conhecimento científico; dependem de métodos tão antiquados quanto aqueles de há dois séculos.

Entre os quase-ricos e os quase-pobres, uma classe tem acesso aos serviços eficientes, mas às custas de grandes sacrifícios financeiros, inclusive a venda do patrimônio adquirido ao longo da vida.

Mais uma vez a sociedade brasileira confunde os meios com o propósito. O que faz um país moderno não é dispor de hospitais e médicos, mas sim a utilização destes para fazer saudável a população. Para dar um passo na direção da modernidade de fazer com que o atendimento médico não seja um privilégio de uns poucos, o Brasil necessita apenas distribuir de forma eficiente os recursos de que já dispõe.

De outro lado, grupos sindicais dos profissionais da área também parecem ver a saúde como instrumento de benefícios próprios. Não demonstram o compromisso necessário com a saúde: alguns porque, em vez de lutarem por melhores salários e condições de trabalho, preferem relaxar na qualidade do trabalho e no respeito ao público, outros porque concentram suas lutas por uma saúde melhor sacrificando ao público a que diz desejar atender. Comportam-se da mesma forma que os produtores de equipamentos: sem compromisso maior com a saúde.

Para que a saúde seja encarada como um problema público, de atendimento generalizado, de preferência preventivo, é preciso uma reversão da política de seguridade, generalizando para toda a população, sem preconceitos ou privilégios, o atendimento dos serviços de saúde; uma reorientação das pesquisas e do ensino médico, de forma que a profissão seja reconhecida na sua dignidade, inclusive salarial, mas não como um negócio; uma reorientação dos remédios e equipamentos médicos, de maneira que se transformem em instrumento de solução do problema da saúde, e não em mais um dos mecanismos de realização de lucro, e uma recuperação da dignidade da profissão, de maneira a ser bem remunerado, e retomar o compromisso público com a solução do problema.

Um ponto de partida é uma política que eleve os salários dos médicos aos níveis que permitam um setor público competitivo para atrair os mais qualificados profissionais do ramo. Mas isso só se justifica se, paralelamente, for acompanhado de um rígido sistema de seleção para todos os médicos, com avaliação constante, sobretudo pelos usuários dos serviços, com demissões em defesa do interesse público, e com a conceituação clara de que democracia significa criar as condições para que o povo seja atendido, sem escravizar os profissionais da área, mas sem tolerância com a omissão ou incompetência.

A MODERNIZAÇÃO EXIGE A SAÚDE DA TERRA

Como a população, a terra brasileira está gravemente doente. Quinhentos anos de submissão do uso da terra a interesses econômicos que não consideram o valor da natureza levaram o Brasil a ter uma das partes mais depredadas do patrimônio ecológico da humanidade.

Por sua extensão, localização e história, o Brasil ainda dispõe de um território com um dos maiores patrimônios naturais, em recursos hídricos e minerais em geral e em variedade de espécies e potencial de sua biomassa. Ao mesmo tempo, provavelmente, é o país cuja terra, por uma constante depredação, mais sofre de ameaça à sua integridade.

Uma viagem pela terra brasileira no final do século mostra a antiga mata atlântica reduzida a 3% de sua dimensão na época da "descoberta", e a mata amazônica em um processo de destruição que equivale, anualmente, à extensão de países da Europa. Áreas inteiras da região Sul caminham para desertificação. Com uma terra cansada por cinco séculos de monocultura, o Nordeste pode seguir caminho parecido. Os rios secando, pelo desmatamento das margens, pela concentração do uso da água para fins energéticos, ou sendo envenenados pelos resíduos industriais, entre os quais o mercúrio dos garimpos. O ar das cidades poluído pelas indústrias sem controle, por um sistema de transporte que enegrece e envenena a atmosfera com dióxido de carbono, e por radiações decorrentes do uso descontrolado de elementos radioativos. As praias e o mar sujos pela cultura da depredação e por transportes cuja eficiência não considera os impactos negativos sobre a natureza. A cada ano, o patrimônio biótico é depredado com a extinção de centenas de espécies, para viabilizar uma ocupação mais barata da terra e criar com urgência lagos hidrelétricos. Em muitos casos, os efeitos da destruição permanecerão por séculos, ao lado de ganhos mínimos e ilusórios na produção de garimpos, na exportação de alumínio, na ocupação subsidiada de terras impróprias para pecuária que fornece carne a uma minoria rica.

No conjunto, os efeitos negativos já demonstram a deseconomia no presente e mostram os riscos para o futuro. Mas a economia é incapaz de captar e orientar corretamente o problema. Todo o processo destrutivo tem sido feito dentro da mais perfeita lógica da rentabilidade do processo econômico em sua marcha para a modernidade. É o processo econômico que deve ser responsabilizado pelo quadro insalubre da terra brasileira. Não é, portanto, através dos instrumentos de análise econômica que um tratamento saudável lhe será dado. A sociedade brasileira, querendo defender sua terra para as gerações futuras, terá de subordinar a ocupação e uso da mesma, conforme interesses diferentes e formas diferentes de maximização. Mesmo à custa de menor taxa de crescimento no presente, certas atividades devem ficar subordinadas ao controle de fontes e resíduos, ainda que o lucro seja reduzido ou o setor fique proibitivo; as indústrias terão de elevar seus investimentos para controlar seus desperdícios; certas áreas deverão ser definidas como reservas de propriedade pública, sem finalidades produtivas, ao longo das próximas décadas; as fontes de energia deverão ser adaptadas à harmonia do processo civilizatório e não à demanda descontrolada decorrente do atual padrão de consumo.

Os recursos cuja propriedade já é coletiva, como o mar, o ar e a maior parte das águas, devem ser protegidos, para impedir, com a punição dos responsáveis, sua destruição por meios e decisões puramente privados. A propriedade privada de recursos naturais, inclusive a terra, deve ser subordinada aos interesses coletivos, e mesmo abolida, se for necessário para protegê-los. A terra, mesmo sendo considerada como um recurso onde a propriedade privada é respeitada, deve ter seu uso submetido a interesses coletivos, sobretudo quando nela houver um patrimônio biótico que mereça ou exija uma coletivização de sua propriedade, não apenas social, mas também intergeracional.

Pela primeira vez tornou-se possível para uma sociedade ocupar sua terra, dispondo de equipamentos capazes de depredá-la, tendo, simultaneamente, o conhecimento e a consciência de suas conseqüências. Tem os meios em transporte, em equipamentos industriais, para em poucos anos ocupar e destruir todo o seu patrimônio, e sabe disso. Pela primeira vez uma população enfrenta o desafio que hoje se coloca diante da atual geração de brasileiros, no que se refere à ocupação de seu território. O desafio de uma ocupação racional e não apenas conservacionista, em que a terra seja vista como instrumento de ampliação do patrimônio de sua população; tendo a natureza como base e parte desse patrimônio, por seu valor produtivo e cultural.

Isso não é possível com a atual concepção modernista: baseada exclusivamente na rentabilidade econômica, não reconhecendo qualquer valor à natureza em si, mantendo uma visão especulativa e imediatista para o uso da terra, comprometida apenas com o crescimento econômico a qualquer custo ecológico. A modernização real exige uma postura onde o futuro seja considerado, onde a natureza seja valorizada em função de seu papel produtivo no longo prazo e em função do valor cultural que ela representa para todas as gerações. Onde o crescimento econômico seja subordinado, modernamente, às limitações determinadas pela busca de um equilíbrio da sociedade com a natureza.

A população brasileira dispõe dos instrumentos técnicos e começa a ter a consciência que serve de base política para que a terra seja protegida dentro dos interesses da sociedade presente e futura.

A MODERNIZAÇÃO DE UMA NAÇÃO EXIGE UM INTERESSE COMUM PARA O SEU POVO

Nenhum problema coletivo brasileiro será resolvido enquanto o país não for uma coletividade. O Brasil não passará de um conceito, enquanto for apenas a aglutinação de milhões de indivíduos sem uma identidade de interesses no presente e ainda mais no futuro.

A modernização levou a um isolamento entre a consciência da grande maioria e a da elite, especialmente a pequena parcela privilegiada, especulativa, manietada e mancomunada com os interesses estrangeiros. Ainda mais grave, dentro de cada conjunto, na maioria e na minoria, os indivíduos se isolam em um processo de negação da nacionalidade que decorre de interesses comuns.

Uma clara manifestação dessa realidade de isolamento está no corporativismo que domina a consciência dos brasileiros. Desde homens de negócios até parcelas do setor sindical. Justificado e legitimado inicialmente pela defesa de seus interesses durante a ditadura, quando não havia partidos, o corporativismo criou uma força própria, que agora serve para defender os privilégios adquiridos durante a ditadura. Se o papel de cada sindicato consiste na defesa dos interesses de seu grupo, em uma democracia tal comportamento só é eficaz quando o país tem partidos capazes de promover o equilíbrio da soma das reivindicações de cada um dos grupos. Isso não está ocorrendo.

O Brasil já não tem uma ditadura que, pelo autoritarismo, compatibilize os desejos crescentes de cada grupo corporativo; e ainda não tem uma democracia com maturidade para promover esse equilíbrio. Os partidos que surgiram no período ainda não assumiram claramente o papel de compatibilizar interesses diferentes, unidos por princípios que definem os objetivos da nação. Todos eles ainda correm o risco de cair no curto prazo do oportunismo, ou no vício de formas de oposicionismo sem propostas alternativas. Em geral, ainda costumam se solidarizar com todas as reivindicações de seus aliados, independentemente da viabilidade de cada uma delas; e têm uma rede de grupos sem consciência de nação, formados no egoísmo das últimas décadas. Alguns combinando vícios de um consumismo elevado com a ânsia de uma liberdade recém-conquistada, outros combinando essa liberdade com o natural desejo de superar perdas de anos. Para complicar a situação, como resultado de uma aliança tática durante a ditadura, os sindicatos de grupos diferentes, com interesses diferentes e conflitantes, mantêm-se aliados para não aprofundarem as análises sobre a realidade dos problemas e potencialidades do país, e graças ao artifício de concentrarem toda a contradição na luta contra o Estado. Os mais modernos industriais se aliam aos latifúndios improdutivos que se aliam aos banqueiros especuladores como se não houvesse interesses contraditórios. Os sindicatos de trabalhadores se aliam independentemente das disparidades salariais entre eles, mesmo quando essa diferença se mede em dezenas de vezes. Essa consciência corporativa chega ao ponto de os grupos afirmarem defender distribuição da renda e recuperação do salário mínimo, mas lutarem para que todas as categorias mantenham as posições relativas de seus salários, medidas em unidades do salário mínimo. Mesmo os que estão nas escalas menores de salário apóiam essa luta solidária pela concentração da renda no interior dessa categoria de trabalhadores.

Forma-se uma solidariedade contraditória entre todos os níveis dos integrados, com um distanciamento crescente entre os incorporados no sistema econômico e os marginalizados.

Entre todas as manifestações da crise da consciência coletiva, uma das mais graves é o comportamento dos meios de comunicação. Saindo do heroísmo da resistência à censura, o Brasil tem uma das mais completas imprensas do mundo. Apesar da baixa tiragem que apresentam, o Brasil tem um bom número de jornais com circulação e leitura em todo o território. Raros países têm um sistema nacional de telecomunicações, com noticiários equivalentes aos brasileiros. Entretanto, um longo caminho ainda falta seguir para a imprensa brasileira ter consciência de seu papel de elemento promotor da liberdade e do seu uso para a ampliação de nosso patrimônio cultural. Em grande parte, a imprensa é manipulada, visando manter interesses econômicos imediatistas. Sofre de tendências sectárias, tanto no oposicionismo quanto no arrivismo, seja ao poder, seja às forças em oposição ao poder. O avanço da democracia e a construção de um país moderno exigirão levar adiante o processo de uma imprensa sintonizada com as exigências do futuro, participante da formação de opinião, mas com total liberdade de todas as tendências e através da divulgação de todos os fatos, inclusive os positivos, desde que em um radical compromisso com a verdade e a liberdade.

Um grave entrave a uma imprensa moderna está no controle monopolizado de informações, seja pelo Estado, seja por empresa privada. O monopólio da comunicação, sobretudo nos veículos eletrônicos, por sua instantaneidade e abrangência, cria uma única interpretação para fatos que nem sempre são bem divulgados e ainda menos bem analisados, deformando a opinião pública, quando assim desejam os monopolizadores. E o risco, ainda maior, de que essa versão seja aquela de interesse do pequeno grupo que controla o veículo. Por essa razão, a saúde da consciência coletiva do país exige medidas que impeçam o controle monolítico da informação, pelo Estado ou por grupo privado.

O compromisso com o futuro exige também um comportamento das empresas e dos jornalistas que não se limite à defesa da liberdade de expressão, mas que auxilie na luta pela incorporação das grandes massas nos benefícios da informação. Os meios de comunicação são veículos fundamentais em um envolvimento para promover a educação e a cultura da população brasileira. A pouca importância dada pelos jornais e televisões ao esforço educacional se deve sobretudo à falta de um projeto global de parte do setor público e das universidades. Mas se deve também à visão elitista de uma imprensa que se contenta com as ridículas tiragens nos níveis das brasileiras, em um país que poderia ter edições pelo menos quinze vezes maiores, se a população brasileira recebesse um mínimo de apoio educacional.

NÃO HÁ MODERNIDADE COM DEPENDÊNCIA

Há uma enorme hipocrisia ou incompetência naqueles que se dizem defensores da modernidade, mas que foram responsáveis diretos pela dívida externa que amarra o Brasil em seu caminho ao futuro.

Nenhuma solução para o futuro será possível se os brasileiros não dispuserem do poder de usar os seus recursos conforme seus próprios interesses. A alimentação não será possível se a produção agrícola tiver de ser utilizada para pagar os juros da dívida. A saúde dos brasileiros depende da saúde financeira de seu país, que está doente em função das imposições decorrentes da dívida externa.

Somente para pagamento de juros, sem qualquer redução no seu montante, a dívida externa assumida por indução dos governos do período militar exige a exportação de alimentos e outros produtos em um total que corresponde ao trabalho de pelo menos três milhões de trabalhadores, equivalente a duas vezes o número de escravos existentes no ano em que houve a abolição da escravatura. Solucionar essa dificuldade é chave para o enfrentamento de qualquer dos verdadeiros problemas do Brasil.

A dificuldade da dívida externa, ainda mais do que as outras, não poderá ser resolvida por métodos econômicos. Mais uma vez, porém, a economia dominou a consciência coletiva, fazendo da dívida externa um problema independente, e não um entrave a ser superado. Um problema que, dessa forma, é enfrentado pelas técnicas das finanças, e não pela política de um povo com quase 150 milhões de habitantes, no cenário internacional.

A dívida foi criada por economistas, atendendo a decisões políticas. Em parte, ela foi contraída sob a justificativa de executar grandes projetos, para a criação de uma infra-estrutura econômica. Outra parte foi para justificar projetos megalomaníacos de governos ditatoriais. Mas uma parte considerável decorreu da pressão do mercado financeiro internacional, que, a partir do aumento do preço do petróleo, passou a dispor de um excesso de dinheiro nos bancos. Para evitar a liquidez que não lhes gera rendas, os bancos transferiram esses recursos, sob a forma de empréstimos, com juros que oscilavam conforme os interesses e as decisões do governo norte-americano e dos próprios banqueiros.

Os responsáveis brasileiros pelo endividamento externo, nas condições em que ele foi contraído, nos anos 70 e no começo dos anos 80, serão vistos pela história como responsáveis por grande parte do freio que impede o caminho do Brasil para a modernidade real. Não enfrentar o problema, neste momento, e de forma política, será também um ato de traição e incompetência. A solução da dívida está em utilizar decisões políticas, subordinadas a objetivos sociais e de soberania.

Até o momento, o Brasil e a maioria dos demais países endividados têm enfrentado o problema da dívida dentro de uma ótica financeira, provocando todos os sacrifícios possíveis para pagá-la. Mesmo assim, a dívida tem se ampliado, porque o máximo do sacrifício de toda uma década não está sendo suficiente nem ao menos para cobrir o total dos juros. Nenhuma simulação financeira, salvo uma grave inflação norte-americana, aliada a juros fixos nos níveis históricos, e não há razões para se acreditar nisso, permite imaginar que o Brasil poderá pagar a dívida, ao longo das próximas décadas e séculos. O mais provável é que a própria dinâmica da dívida provoque seu agravamento. Nestas condições, quanto mais rápido os países endividados enfrentarem o problema com um enfoque não-financeiro, mais rapidamente o próprio sistema financeiro internacional poderá retomar seu funcionamento natural.

Esse enfoque não-financeiro deve ter as seguintes bases de orientação:

1. *ética:* a população brasileira não deve ter nenhum compromisso em pagar a dívida, seja por causa da forma como ela

foi contraída, sem legitimidade interna, por regimes impostos por influência direta do sistema financeiro e econômico dos países desenvolvidos; seja porque as condições dos contratos são claramente nocivas, devido à conivência corrupta, incompetente ou leviana dos agentes da negociação; seja porque os empréstimos já estariam em grande parte pagos se fossem mantidos os juros históricos. Deve ser lembrado, também, que a história mostra que todos os países, inclusive os que hoje são credores, romperam seus acordos internacionais, quando estes se tornaram uma ameaça à sua soberania e à estabilidade social diante de sacrifícios inaceitáveis para seus povos;

2. *jurídica:* o governo brasileiro deve, nos fóruns internacionais, contestar os contratos de empréstimos, assinados por governos autoritários, surgidos por influências externas, em condições claramente nocivas. Mesmo nos tribunais norte-americanos, o governo deve apelar, mostrando que houve um tipo de espoliação ilegítima e corrupta;

3. *de política internacional*: o governo brasileiro deve consolidar a proposta, elaborada há mais de dez anos, da negociação conjunta da dívida dos países do Terceiro Mundo. Para tanto, e apesar das dificuldades causadas, pela fraca integração e complementaridade de suas economias, caberia ao Brasil — por sua dupla importância de potencial econômico e do tamanho de sua dívida — propor formas de cooperação econômica entre os endividados, aumentando o comércio e a auto-sustentação entre estes países, e formulando no processo uma nova ordem internacional;

4. *diplomática*: as posições acima implicam uma modificação da atual atitude e estratégia de negociação. Ela deveria abandonar a visão provinciana e financista, e ser levada aos fóruns políticos e jurídicos internacionais, fazendo de nossa embaixada nas Nações Unidas, em sintonia com o Banco Central, o centro principal da negociação, em um longo processo de desarmamento internacional da bomba financeira da dívida.

Esses princípios partem de uma idéia de soberania responsável, na qual não haveria uma ingênua ilusão de ignorar a dívida e a realidade política do mundo, mas haveria uma clara demonstração de decisão, aliada a uma estratégia global.

Não se pode esperar que estas linhas gerais resultem em uma solução imediata. O problema toca diretamente a todo o mundo, e todos os setores devem ser considerados, inclusive aqueles que tocam na disponibilidade de recursos naturais, posições estratégicas relacionadas com a defesa, reservas e equilíbrio ecológico, interesses comerciais, econômicos, culturais e globais da humanidade. Enquanto uma solução global não é encontrada, como em qualquer guerra, uma trégua deve ser declarada, de comum acordo ou unilateralmente, durante a qual nenhum pagamento será feito.

Para que essa decisão e essa estratégia sejam cumpridas, o governo e o povo devem estar preparados para dificuldades tão graves quanto as de uma guerra. Mas, às vezes, os países têm que declarar guerras, com todo o senso de responsabilidade que isso implica.

Ainda que a dívida externa seja sua forma mais óbvia, a dependência brasileira não se limita apenas aos aspectos financeiros. O baixo nível de domínio do conhecimento, especialmente científico e tecnológico, o perfil energético e a estrutura de transporte provocam uma dependência do Brasil em relação a outros países.

A convivência internacional, solidária e sem dependência, exige uma redefinição de modernidade onde a independência seja um de seus objetivos e características.

A MODERNIZAÇÃO DA INFRA-ESTRUTURA

Durante seis décadas, os sucessivos governos modernizadores implantaram no Brasil uma considerável infra-estrutura econômica. Passado esse tempo, a infra-estrutura não foi capaz de colaborar para realizar uma modernização real e entra em colapso duplo. Por causa da obsolescência física, devido à incapacidade da economia e do Estado para mantê-la e aperfeiçoá-la; e da obsolescência tecnológica, pela falta de sintonia dessa infra-estrutura com a realidade do país, seus recursos e as necessidades de sua população.

Os governos definiram modernidade como sinônimo do conjunto de estradas que interligavam o país e dos sistemas de energia elétrica montados no território nacional, independentemente dos custos de oportunidade financeiros e ecológicos, das conseqüências do endividamento e dos resultados sociais da concentração dos benefícios gerados.

Em nome do desenvolvimento e da segurança, a ditadura militar construiu uma significativa infra-estrutura que contribuiu para construir um desenvolvimento deformado e deixar a nação insegura. Ela foi implantada sem consideração sobre as conseqüências da voracidade de recursos que eram exigidos, sem a procura de alternativas tecnológicas mais eficientes nem dos benefícios alternativos que poderiam ser conseguidos se os investimentos fossem realizados em outros setores, especialmente os sociais, sem uma análise correta de seus efeitos sobre a segurança e a estabilidade nacionais.

Tudo indicava, desde então, que, em vez de buscar desenvolvimento e segurança, o regime procurou realizar aquelas obras como finalidade e não como meio. E como desculpas para os negócios que elas propiciavam. A infra-estrutura era vista como o símbolo e não um instrumento do desenvolvimento. E os seus gastos permitiam a mobilização de recursos, o emprego de empreiteiras, a manipulação financeira com os bancos, especialmente os estrangeiros. Qualquer observador atento já percebia a fragilidade, no longo prazo, de um sistema de transporte baseado em petróleo — esgotável e importado de uma região explosiva, como o Oriente Médio —, e que optava pelo transporte individualizado: por automóveis particulares, em uma sociedade com renda *per capita* baixa.

Apesar disso, nada foi feito para modernizar a infra-estrutura, pondo-a em sintonia com a realidade geográfica, com os recursos da economia e com os objetivos sociais do país: uma enorme extensão, que exige descentralização; escassez de petróleo com abundância de outras fontes energéticas, e uma sociedade que em sua quase totalidade só poderá utilizar transporte coletivo.

Depois das explosões nos preços do petróleo, em 73 e 79, as únicas atitudes foram a ampliação da produção nacional de petróleo e a implantação do programa do álcool. A produção nacional de petróleo levará a uma dependência ainda maior, diante do previsível esgotamento das reservas brasileiras. A alternativa do álcool, em vez de servir para uma modernização real do quadro energético, foi implantada como instrumento para a continuação da modernização arcaica identificada com a indústria automobilística. A ocorrência da crise em nada serviu para uma modificação do perfil energético no sistema de transporte global: não houve prioridade para o transporte de massas, para a substituição do diesel, para a implantação de uma rede ferroviária e hidrográfica, muito menos para uma reorganização espacial com a descentralização da produção industrial.

Em 1990 — vinte e cinco anos depois dos primeiros relatórios alarmantes sobre as reservas de petróleo, vinte anos depois do primeiro choque do petróleo, dez anos depois do início da guerra Irã-Iraque, já no meio dos rumores da invasão do Kuwait —, o ministro da infra-estrutura do novo governo afirmou que o programa do álcool era obsoleto, incompatível com a modernidade do livre mercado, do transporte privado em automóveis de última geração, com base no petróleo. A gravidade maior é que nenhuma das forças políticas de oposição apresentou uma alternativa para essa infra-estrutura. Sem ter a clareza equivocada de explicitar sua posição, como fez o ministro, as forças de oposição ficam no silêncio da conivência com a continuação da mesma infra-estrutura. No mesmo mês em que o ministro fazia essa afirmação sobre o programa do álcool, as lideranças sindicais iam ao governo reivindicar a liberação da poupança da classe média, para que a venda de automóveis não caísse. A defesa do emprego na indústria automobilística não foi feita pela proposta de uma reorientação da produção, visando uma indústria sintonizada com a realidade social, econômica e ecológica do país, nem ao menos como uma consideração de médio e longo prazos.

A prisão ideológica que define modernidade impede uma visão alternativa do problema da infra-estrutura econômica.

Em vez de implantar uma infra-estrutura para realizar a modernização arcaica da economia, é preciso modernizar a infra-estrutura para pô-la a serviço da modernização real na sociedade.

Depois de mais de meio século de um esforço que consumiu recursos além do que o país dispunha, sem gerar os resultados que se esperava, observa-se que as estradas estão depredadas, o sistema energético entrará em colapso nos próximos anos. Mesmo assim, muitos continuam insistindo que modernizar é recuperar esses setores, no seu perfil atual, seja qual for o custo, sem uma consideração sobre os propósitos desses setores.

Será impossível dispor dos recursos necessários para recuperar todas as estradas e ainda mais para ampliar a oferta de energia elétrica.

A modernização vai estar em uma modificação do modelo socioeconômico nacional, de forma a que os projetos de estradas e de energia estejam subordinados a objetivos sociais, e que estes funcionem como alternativa para um sistema menos consumidor de energia e de transporte. Além de ver a infra-estrutura como um meio, o sistema social pode ser uma alternativa à crise que se prevê para a infra-estrutura. Na impossibilidade de ampliar o potencial energético, na mesma proporção do passado recente, a sociedade pode se organizar para manter o desejado nível de emprego, através de atividades que não sejam intensivas em energia nem exijam uma estrutura industrial concentradora.

Com base nas leis de mercado, as indústrias de móveis no Sul do país continuam usando madeira do Norte para atender ao mercado do Nordeste, percorrendo até seis mil quilômetros no processo. Em vez de purificar a água das cidades, os ricos e quase-ricos do Brasil continuam transportando anualmente, através do território nacional, bilhões de litros de água mineral engarrafadas em plástico, e consumindo no Nordeste frutas produzidas no Norte e comercializadas através da central de distribuição localizada em São Paulo.

Tudo isso em nome da modernização.

Em vez de concentrar todos os recursos, que mesmo assim não serão suficientes, para recuperar e ampliar as estradas e para ampliar o potencial energético tradicional, a sociedade pode se organizar para construir sua modernidade criando um sistema de ocupação territorial e uma estrutura industrial mais eficiente e mais descentralizada.

Um fenômeno parecido ocorre com o conceito de arquitetura moderna. Em um país onde o problema da habitação tende a se agravar, o Brasil chamou de arquitetura brasileira e apresentou-a como uma das conquistas de sua modernidade uma arquitetura-cópia das estrangeiras, sem consideração com as limitações dos recursos, divorciada de nossa ecologia, sem qualquer compromisso com a solução dos problemas da habitação.

Os caminhos da modernização não podem ser identificados com estradas e com energia, mas sim com os resultados a serem obtidos ao utilizarem-se esses meios.

Um programa de irrigação que elimine o risco de secas no Nordeste representa um passo mais importante na modernização do país do que todos os imensos gastos realizados para implantar a infra-estrutura que agora entra em colapso. O caminho da modernização está mais na educação e seu vínculo com o futuro, do que em auto-estradas impossíveis de serem conservadas.

Da mesma forma, a modernização foi identificada com a indústria implantada no país. A indústria automobilística transformou-se em um símbolo, independente dos resultados reais que ela tenha produzido para o bem-estar da sociedade. Não há modernização sem indústria, mas tampouco com qualquer indústria. Um projeto de modernização real exige uma modificação do perfil industrial, para atender às necessidades da população. Em vez de ser um símbolo e uma finalidade em si, forçando a sociedade a ajustar-se a seus produtos, a indústria seria um meio fundamental de libertação das necessidades da população, de criação de tempo livre e de garantia da soberania.

O Brasil dispõe dos recursos necessários para realizar o esforço de reorientação industrial que se ajuste a uma nova demanda. E tal fato pode ser conseguido sem uma ruptura com as leis de mercado, desde que a demanda reflita as necessidades e gostos da população em geral. E não, ao contrário, onde a demanda seja fabricada, e concentrada, para atender aos objetivos produtivos das indústrias implantadas. Não se trata de impedir lucros, mas de definir quais os bens cuja produção gera esse lucro, inclusive de forma ampliada.

A MODERNA OCUPAÇÃO DO TERRITÓRIO

De todas as misérias criadas nas últimas décadas na sociedade brasileira, nenhuma foi mais profunda do que aquela que, em nome da modernidade, levou a um brusco processo de urbanização. Coerente com a concepção de que a urbanização e a indústria eram sinônimos de modernidade, todas as políticas iam no sentido de induzir um processo de migração. As cidades dispunham de mecanismos de atração — salário mínimo, serviços — ao mesmo tempo que o campo tinha mecanismos de expulsão — concentração da terra, violência. Em poucos anos, um país rural assumiu um perfil urbano, sem dispor dos recursos para oferecer os serviços necessários.

A conseqüência dessa velocidade migratória para a cidade foi a tragédia das grandes metrópoles dos países do Terceiro Mundo. O Brasil está entre aqueles onde esta tragédia se apresenta mais dramaticamente. Qualquer reforma visando uma sociedade harmônica terá de corrigir esse problema.

O enfrentamento exige investimentos sociais e urbanos nas cidades. Mas exige, sobretudo, uma reversão no privilégio dado às cidades, em detrimento do campo.

A melhor forma de corrigir, a médio prazo, as deformações das grandes cidades é dar prioridade ao setor rural e às cidades de menor porte. A pressão sobre as cidades grandes tenderá a se reduzir, na medida em que a propriedade da terra seja modernizada — com sua distribuição eficiente do ponto de vista econômico e do ponto de vista dos resultados sociais —, seja implantada uma política de salários e benefícios sociais, e haja um sistema eficiente de saúde, educação, aposentadoria e habitação no setor rural e nas pequenas cidades.

A ocupação moderna do território não se limita à relação cidade e campo. A disparidade regional que o Brasil apresenta é incompatível com um quadro real de modernização. Apesar disso, nenhum outro país tem tal disparidade de renda e de bem-estar médios entre as populações de suas regiões. Ainda mais grave, a disparidade tem sido crescente em função das medidas modernizadoras. As tentativas de reverter essa tendência fracassaram, na medida em que a lógica do desenvolvimento impõe uma crescente concentração da renda.

O desenvolvimento do Nordeste, sob uma ótica de crescimento imitativo da região Sudeste, em vez de superação da desigualdade, conduziu a um empobrecimento da população e um agravamento da distribuição da renda internamente nessa região. A solução para a desigualdade é a visão do problema regional como parte de uma opção equivocada para o conjunto do país.

O desenvolvimento regional tem de ser um capítulo da política de uma ocupação racional e ética de todo o território nacional. Não se trata de industrializar mais o Nordeste, mas de industrializar corretamente o Brasil.

Para tanto, além de uma ética que defina objetivos que equilibrem a renda nas diversas regiões, a política de ocupação deve eliminar as absurdas deseconomias decorrentes da concentração industrial. Tão grave quanto a desigualdade é o desperdício de uma economia dependente da importação de energia, que transporta insumos e produtos por milhares de quilômetros. Uma ocupação moderna do território deve ter uma alocação racional de sua indústria, reduzindo os custos de transporte e as deseconomias de concentração.

O Brasil moderno exige uma política locacional que, ao mesmo tempo, procure equilibrar os níveis de renda e bem-estar das populações de cada região e consiga eliminar as deseconomias cometidas em nome da maximização do lucro por grupos oligopolizados.

O ESTADO A SERVIÇO DA MODERNIZAÇÃO

Há, no presente, um processo de generalização da idéia de que o Estado padece de uma crise que o torna ineficiente, e que o futuro modernizador passa pela eliminação de sua intervenção. Essa opinião é expressa pelos mesmos economistas e dirigentes que ao longo de trinta anos montaram a atual estrutura estatal e que de um momento para outro se transformam em neoliberais. A posição deles tem uma lógica: o Estado lhes interessa quando está sob seu controle, dispondo de instrumentos autoritários e dos recursos capazes de dinamizar o setor privado. No momento em que se esgotam as possibilidades de o Estado dinamizar a economia, e este fica submetido a uma nova Constituição, ao Congresso e às pressões populares, sua intervenção deixa de lhes interessar.

Como conseqüência, uma paralisia toma conta do Estado, provocada por medidas que visam degradá-lo para destruí-lo, por perdas salariais de seus funcionários e por um contínuo fluxo de greves que, ao lutar para mantê-lo, colabora para sua destruição mais rápida. Isso é ainda mais grave porque o Estado ditatorial tende a vender uma imagem de eficiência na administração do dia-a-dia da sociedade. Muitas das análises feitas nos anos 70 indicavam que o Brasil dispunha de uma máquina burocrática eficiente, com um competente quadro de tecnocratas formados no exterior e em cursos de especialização no país, sem greves e com altos salários. Era uma eficiência dos meios; porque a dimensão da crise decorre em grande parte daquela "eficiência" com que o Estado foi administrado, endividando-se de forma irresponsável, executando projetos equivocados, definindo políticas que tenderam sistematicamente à partição da sociedade e servindo apenas à parte privilegiada.

Todos concordam que o Estado brasileiro está doente. Os conservadores defendem que a doença vem de um excesso de gastos e uma estatização asfixiante. Os demais ficam perplexos e divididos em tendências diferentes, mas quase sempre ignorando a realidade e defendendo a manutenção do quadro de estatização.

Os primeiros esquecem, ou por falta de instrumentos analíticos são incapazes de entender que o crescimento do setor público foi provocado por eles, durante os anos em que administraram a economia brasileira, dentro de uma lógica que visava beneficiar o setor privado. Os outros também esquecem ou reagem a entender que o Estado que eles defendem foi constituído pela ditadura e em nada modificado, nem em seus propósitos nem em sua estrutura. Durante todos os anos da ditadura, quando a direita instalou a máquina do setor público, a maior parte da esquerda, mesmo criticando os propósitos, evitou criticar o mérito da estrutura que era implantada. Até hoje, parte considerável da esquerda continua defendendo o Estado e as propostas estatizantes, sem manifestar uma preocupação com os resultados e a identificação dos beneficiários desse processo.

O Estado age com a racionalidade de servir aos interesses dos grupos no poder e da minoria privilegiada. No caso do Brasil, a partir do final dos anos 60 e nos anos 70, o Estado cumpriu essa função de uma forma competente. Não apenas cumpriu o papel de acumular recursos e investir na montagem da infra-estrutura, como criou os mecanismos de apoio ao setor produtivo, inclusive com o controle das reivindicações trabalhistas, para manter a produtividade com baixos salários. Mas, ao lado disso, serviu como instrumento de incorporação à elite de uma parte considerável dos profissionais liberais que se formavam nas universidades e em outros cursos médios e superiores. Nesse processo, o Estado brasileiro foi duplamente aprisionado. Pelo setor privado, que o utilizou durante todo o tempo e agora tenta se apropriar dos investimentos estatais através da privatização, e por uma parcela de seus quadros, que se beneficiou de uma extensa série de privilégios que as classes dominantes criaram, e agora defende a manutenção do Estado, não apenas pelo interesse nacional, mas também por interesse de grupo.

A crise do Estado vem de que os dois grupos que dele se apropriaram entram em choque sobre a forma como ele deve cumprir seu papel. As elites do regime militar, ao perceberem que o seu projeto fracassara, abandonam o Estado, tentando tirar proveito através da compra dos setores que lhes interessam e da desmontagem dos demais setores. Os servidores públicos, entretanto, divididos entre os que nunca receberam privilégios e a parcela privilegiada, se associam na manutenção do aparelho estatal, mas sem defender a necessária reforma do Estado para pô-lo a serviço do público.

O caminho de uma nova modernização passa necessariamente por um Estado forte na condução das prioridades e na orientação do uso dos recursos nacionais, sobretudo para as finalidades que se chocam com os propósitos da modernização arcaica. Mas o Estado de que se necessita é diferente daquele das últimas décadas. Deve ser um meio e não um fim em si. Deve servir ao público e não a uma minoria de privilegiados que o manipulam. Deve ser forte, mas limitado, de maneira a não reduzir a eficiência no atendimento dos novos propósitos. Para isso, sua intervenção deve estar restrita aos setores onde sua inclusão agregue benefícios na luta pela modernização real: a defesa da soberania, a solução dos problemas sociais, a construção de uma infra-estrutura econômica, científica e tecnológica.

O Estado vai precisar de uma máquina governamental descentralizada ao máximo, nos aspectos executivos. A manipulação e corrupção no governo levaram a uma burocracia duplamente ineficiente: pelo custo e inoperância da centralização das decisões e pelo excesso de controles preliminares. O resultado é a ineficência, a falta de responsabilidade e a impunidade. A descentralização, com um rigoroso sistema de avaliação, fiscalização e punição, com total transparência, poderá criar as bases de uma máquina eficiente.

O mesmo se aplica à Justiça. A centralização, a dificuldade e custo de acesso à Justiça impedem sua modernização real. A modernização da Justiça só ocorrerá quando for abolido o projeto socioeconômico de apartação. Mas, além de uma visão igualitária no processo social, será preciso que todos tenham acesso igualitário aos mecanismos da Justiça, através de sua descentralização e simplificação de seus procedimentos, com avaliações, fiscalizações e correções, ao lado de punições para os erros e manipulações dos responsáveis por sua execução.

A MODERNIZAÇÃO DA DEMOCRACIA

Sem democracia não há modernidade. Mas a democracia política não é suficiente. A modernização da modernidade exige a democratização da democracia. Uma democracia política a serviço da democracia social, que distribua os benefícios da economia, caminhando para a igualdade.

No Brasil, a elite privilegiada usou da democracia ou do autoritarismo conforme seus interesses, mas sempre cumprindo rigidamente um projeto concentrador e excludente. Na década de 70, durante a ditadura militar, a renda foi concentrada. A partir de 80, com a consolidação da abertura e da democracia, a renda continuou seu processo de concentração. No começo dos anos 90, nada indica um processo de distribuição. A concentração será agravada pelo uso do neoliberalismo. Dentro de toda legalidade democrática.

Na democracia puramente parlamentar, em países com o grau de exclusão e apartação como o Brasil, a maioria, mesmo votando, não dispõe dos meios para canalizar e fazer prevalecer seus interesses. A igualdade do voto não se realiza ao nível das decisões. O poder se distribui tão desigualmente quanto a renda. As pessoas têm diferentes acessos ao poder. Os parlamentares e o Poder Executivo concentram seus compromissos em direção a uma parte minoritária da população.

A realização de uma democracia moderna necessita enfrentar o desafio de institucionalizar o uso da pressão popular que ocorre ao lado do Parlamento e demais instituições. A modernização exige uma modificação no conceito de democracia, incorporando as reformas, a integração social da população, a distribuição da propriedade, da renda e do consumo como fenômenos tão importantes quanto o direito ao voto e a prática política parlamentar.

Da mesma forma, a democracia moderna não pode significar massacre das minorias. É preciso incorporar a vontade de minorias que até poucos anos atrás eram democraticamente oprimidas pela maioria.

Os direitos e interesses das gerações futuras são igualmente necessários e ainda mais difíceis de incorporar. As gerações futuras não votam, e por isso não têm vozes na democracia tradicional. Mas, no presente, seus interesses estão sendo assegurados ou destruídos, democraticamente, pela maioria da geração presente. A democracia tradicional, comprometida com o curto prazo eleitoral, oferece dificuldades para tratar de possíveis choques de interesses entre a proteção do patrimônio ambiental das próximas gerações e o nível de consumo da população atual.

O LUCRO E O SALÁRIO MODERNOS

A reorientação de um perfil de demanda exige uma modificação na composição como a renda se distribui. Em um sistema capitalista isso passa por uma definição da distribuição entre lucros e salários.

É muito provável que os futuros historiadores verão o lucro como um instrumento tão anacrônico da dinâmica social quanto hoje nós vemos a escravidão. No longo prazo a modernização deverá levar à abolição do lucro. Mas isso não ocorrerá nas próximas décadas no Brasil. E tampouco é necessário que ocorra, para poder-se viabilizar uma sociedade que já tenha características modernas.

A afirmação, muito comum entre setores de esquerda, de que nenhum gesto de modernização é possível sem uma revolução socialista que elimine o lucro, serve como uma conservadora defesa da selvageria do capitalismo brasileiro. Ao não propor avanços dentro das regras do capitalismo, cria-se uma desculpa para o absurdo grau de exploração e de miopia que caracterizam o capitalismo brasileiro. Nenhum outro país com o potencial do Brasil criou um caos social equivalente. Dentro do sistema capitalista, mesmo com o arcaísmo da exploração e da ineficiência, os demais países dispõem de sistemas educacionais e de saúde melhores do que os brasileiros, e contam com uma distribuição de renda sem o extremo da concentração brasileira.

Nos próximos anos e décadas o sistema social brasileiro ainda estará, provavelmente, submetido às leis do capitalismo e, portanto, do lucro. Mas isso não impede alguns significativos avanços sociais, em relação ao atual quadro. A modernização ainda pode conviver com o lucro, se o lucro se modernizar. Deixar de ser um meio de especulação financeira e o resultado de um nível salarial que condena os trabalhadores a um consumo inferior ao que prevalecia para os escravos, no regime escravocrata.

Um lucro moderno é aquele que é capaz de perceber que a distribuição da terra, do patrimônio improdutivo e da renda podem ser instrumentos de redução da taxa de lucro, mas também de ampliação do montante global do lucro em uma sociedade dinâmica.

Isso passa por uma política salarial diferente das atuais, tanto aquela que desapropria os trabalhadores diariamente através da inflação, quanto aquela que se baseia na livre negociação em uma sociedade com o nível de desemprego que existe no Brasil. A política salarial moderna, em um sistema capitalista, tem de ser deliberadamente distributiva, dentro de limites que não impeçam a realização de lucro.

Mas a modernização do salário exige alguns enfoques diferentes daquele atualmente realizado pelas lideranças sindicais. Ele não pode ficar prisioneiro do conservadorismo e do elitismo da visão monetária. A modernização do salário e a distribuição da renda passam também por mecanismos externos às folhas de pagamento: pelos investimentos sociais, especialmente na educação, na saúde, na habitação, no transporte público e na política agrícola.

Em um país onde 3/4 da população trabalhadora não recebe salários ou os recebem em níveis que não asseguram sequer a sobrevivência, uma elevação do salário, mesmo que proporcionalmente elevada, não será capaz de provocar melhoria no nível de alimentação, e ainda menos de saúde e de educação da população. A modernização do salário passa pelo entendimento da importância, do papel e das vantagens dos benefícios decorrentes dos investimentos públicos nas áreas sociais.

A MODERNIZAÇÃO DA MOEDA

A inflação é uma das características mais presentes na atual forma de modernidade. Apesar de ter ocorrido em outros momentos da história, inclusive antiga, na sua forma contemporânea ela é fruto da política econômica que caracteriza a modernização, a partir da segunda metade deste século. Ela decorre do endividamento necessário para viabilizar o crescimento rápido: endividamento externo, para superar as limitações de divisas; endividamento público para viabilizar a construção de uma infra-estrutura de custo muito superior aos recursos disponíveis; do endividamento dos consumidores para poderem comprar além dos limites de suas rendas. Decorre do encarecimento dos recursos naturais depredados em uma velocidade maior do que a sua reciclagem permite; do deslocamento da população rural para os centros urbanos, sem um aumento equivalente da produtividade agrícola para o mercado interno; da prioridade à exportação de bens, com a criação de repetidos saldos comerciais, em vez de atendimento ao mercado interno. E torna-se incontrolável em função da concentração da renda nas classes que dinamizam o mercado de bens suntuários, que podem comprar os produtos a qualquer preço.

A modernização do país não é compatível com a inflação nos níveis dos últimos anos, criando uma brutal forma de transferência diária da renda, pervertendo o processo produtivo, liquidando a confiabilidade no principal padrão de troca, e mesmo abalando psicologicamente toda a população. Tampouco é compatível com a desejada modernidade a existência de duas moedas: a dos ricos e quase-ricos, de valor constante, reajustada diariamente; e a dos pobres e quase-pobres, que se deprecia a cada dia, sem acesso aos mecanismos de contas especiais e da especulação. O equilíbrio monetário e a retomada da confiabilidade na moeda são condições básicas para a construção da modernidade e a estabilidade social e política do país. Mas a luta emergencial contra a explosão inflacionária criada, nas últimas décadas, pelos modernistas arcaicos não deve ser realizada contra os objetivos de longo prazo do projeto de uma modernização real: a abolição da pobreza, a distribuição da renda, a ampliação dos serviços sociais, a consolidação e o desenvolvimento da infra-estrutura necessária para realizar esses objetivos. Por isso a inflação não deve ser combatida com base em táticas emergenciais vistas como único objetivo de um governo. Ela deve ser enfrentada como parte de uma estratégia mais ampla: a reformulação do projeto de modernização do país.

Uma inflação provocada para beneficiar a elite consumista e o aparelho produtivo a serviço do bem-estar da minoria não pode ser corrigida sacrificando, outra vez, as mesmas parcelas que perderam com ela, para que o país continue no mesmo rumo equivocado que, necessariamente, continuará a provocar inflação.

O problema da inflação não é financeiro ou monetário, é ideológico: de concepção e definição do projeto de modernização. Ela é a conseqüência da manipulação, pela moeda, do real insensato de uma economia que cresce desorganizadamente sem distribuir, em uma velocidade maior do que os recursos de que dispõe. Sua correção só é possível se a estrutura e os propósitos da economia forem modificados. Ou se essa estrutura for destruída, como parece provocar a política monetária ortodoxa.

Para ser eficaz, a luta contra a inflação tem que atacar os vetores básicos de sua realimentação. Ao se concentrar nos aspectos financeiros e monetários, a luta contra a inflação fracassa, ao nível da moeda, ou destrói parte considerável da estrutura econômica, montada sobre os mesmos alicerces que provocam o aumento dos preços.

O caminho proposto pelo neoliberalismo leva ao fracasso técnico, porque não enfrenta as causas; ou ao fracasso político, por sacrificar o seu próprio projeto e a população assalariada além dos limites toleráveis. Apesar disso, os que criaram a inflação para viabilizar o projeto modernizador arcaico, mantêm-se fiéis aos mesmos objetivos, mas defendem instrumentos que destruirão parte do que foi feito, à custa sobretudo das massas marginalizadas, que, com a recessão, ainda mais se marginalizarão. A solução não está em imaginar que o mercado regulará os preços, salvo se isso for conseguido à custa da destruição da infra-estrutura, do parque produtivo e da saúde social e política do país. Além de que, mesmo essas opções terão dificuldades em estabilizar a moeda, em uma sociedade com o grau de concentração que permite aos que compram comprar a qualquer preço, e aos que não compram não comprar a nenhum preço.

A estabilidade da moeda está em modernizar a moeda. Retirar seu papel falsamente dinâmico. Limitá-la ao papel de agente mobilizador de recursos. Substituir no Estado o vício de financiar ilimitadamente os gastos necessários para o crescimento rápido, e a timidez que o impede de usar a política fiscal como forma de distribuir a renda e equilibrar seus gastos com suas receitas. Definir os objetivos do crescimento e as técnicas utilizadas em função dos recursos disponíveis. Estruturar um perfil de objetivos que não sejam intensivos em capital nem, portanto, endividadores. Concentrar os gastos públicos nos setores que visam construir uma infra-estrutura social eficiente, utilizando para isso técnicas compatíveis com os recursos disponíveis. Ao lado disso, tornam-se necessários também mecanismos de controle de preços, enquanto durar uma economia concentrada: de um lado, oligopólios que fixam os preços sem medo de concorrência, e, de outro, consumidores capazes de pagar qualquer preço, sem medo de faltar-lhes dinheiro.

A modernização da moeda não pode ser realizada sem uma reversão dos objetivos econômicos. Se mantiver sua tautologia produtiva, produzir mais para produzir mais, a economia continuará criando pressões inflacionárias para viabilizar a infra-estrutura do crescimento a qualquer custo, inclusive para criar parte da demanda inexistente, através do emprego improdutivo e financiamento ao consumo. O controle da instabilidade monetária só terá êxito, sem empobrecer e se destruir, se for parte de uma reorientação do projeto de modernização. Onde em vez da imitação e do crescimento acelerado do consumo, a economia se ajustar para atender às necessidades sociais, de acordo com a disponibilidade de recursos, contando com cronogramas e tecnologias subordinados ao projeto de estabilização.

A SEGURANÇA DA MODERNIZAÇÃO

A consciência da inviabilidade do presente quadro de modernização levou a elite latino-americana a defender como sua meta o binômio *segurança e desenvolvimento*. O desenvolvimento significava a sociedade deformada que o crescimento realizou e a segurança era o meio para que as massas marginalizadas e os descontentes não se manifestassem. Com base nisso, foi utilizado o anacrônico instrumento da repressão política, para construir uma sociedade com a mais perversa e arcaica característica da desigualdade. Visando a modernização, foi implantado um custoso aparato de segurança, que ia de milhares de espiões e instrumentos de tortura até a tentativa, fracassada, de fabricação de bombas atômicas.

O colapso desse modelo tem levado alguns a defenderem a abolição da segurança como objetivo da nova modernização; enquanto os que sempre defenderam o modelo anterior continuam privilegiando os gastos de segurança, em detrimento dos investimentos sociais. O governo federal brasileiro continua prevendo gastar dez vezes mais recursos com as Forças Armadas do que com a educação e saúde. O setor privado vem sendo obrigado a ampliar sistematicamente seus gastos nessa área, por meio de investimentos e contratação de firmas especializadas para a defesa e proteção pessoal e do patrimônio. A modernidade generalizou para o setor urbano, em uma versão final-de-século, o que faziam os "coronéis-latifundiários" de antes. Dispondo de uma indústria especializada e de um exército de seguranças privados, pode-se estimar que a minoria privilegiada brasileira gasta hoje com sua segurança recursos tão elevados quanto alguns países em guerra.

Isso em nome da modernização

O armamentismo oficial e particular da sociedade brasileira são claros sinais de seu arcaísmo e decadência, além de ineficiente. Em um país onde as polícias têm sido instrumentos de violência e crime, é óbvio que os exércitos privados se voltarão contra aqueles que os contratam, no dia em que perceberem que protegem propriedades que podem ser deles, através da força. É estranho que os economistas neoliberais, que contribuiram para a criação da sociedade de apartação, não percebam que o salário de soldados mercenários tem que crescer até o limite das forças de que eles dispõem, ameaçando sempre os que os contratam.

A modernização real vai exigir uma sociedade igualitária e educada, com as necessidades básicas atendidas para todos, de forma que a harmonia decorrente signifique, se não o fim, ao menos uma drástica redução na atual violência generalizada.

Isso não justifica a aprovação das propostas de abolição das Forças Armadas, repetindo-se a experiência da Costa Rica, que a partir dos anos 50, através de um acordo internacional, fez obsoleta a existência do exército, e canalizou todos os recursos financeiros com armas para o setor educacional. Um país com o potencial de recursos do Brasil não pode prescindir de um sistema de defesa para garantir a realização de sua modernidade. Isso é ainda mais grave quando se considera que o fim da guerra fria entre Leste e Oeste, ao mesmo tempo que leva à paz, pode provocar ameaças para países como o Brasil, em função das relações Norte-Sul.

Nesse sentido, a disponibilidade de Forças Armadas eficientes faz parte do projeto de modernização real do Brasil. O que deve ser discutido não é sua abolição, mas o seu propósito, sua dimensão correta e sua estrutura eficiente. O seu propósito tem que se limitar à defesa da soberania e dos recursos nacionais. A sua dimensão tem que ser definida dentro do mínimo necessário. E sua estrutura tem que ser claramente defensiva, considerando-se como potenciais inimigos as forças que possam vir a ameaçar a soberania nacional, para beneficiar-se dos recursos nacionais.

A consolidação de um propósito democrático limitado à defesa da soberania e da integridade passa por uma rígida hierarquia do poder civil e legal sobre as lideranças militares, e por um abrangente processo educacional dos soldados brasileiros. Passa também pela profissionalização e dignificação crescente das Forças Armadas, tanto no que se refere aos seus equipamentos quanto à correta remuneração de seus quadros. A dimensão e a estrutura das forças podem ser definidas através de um programa de cooperação com os demais países latino-americanos, e pela localização concentrada das forças nacionais e de forças interlatino-americanas nas regiões que possam vir a sofrer ameaças externas.

O SABER MODERNIZADOR

Seja por prêmio ou por punição, depois de 1964 os jovens intelectuais brasileiros, os bolsistas e os exilados, se dedicaram à obtenção de mestrados e doutorados em escolas estrangeiras, estudando temas nacionais sob o enfoque das teorias estrangeiras. A modernização intelectual do Brasil, nas últimas três décadas, significou uma opção pelo academicismo, pela teorização e pelo mimetismo. Representou uma ruptura com o "passado" do nacionalismo "antropofágico" e da interpretação original de Gilberto Freyre e Sérgio Buarque de Holanda, entre outros. E uma tríplice armadilha: do medo e da repulsa ao pensar livre, do conforto e falta de risco da vida acadêmica, e dos modelos existentes como verdades imutáveis.

O liberalismo ou o marxismo passaram a ser tratados como arcabouços intelectuais perfeitos para explicar a realidade brasileira. Os intelectuais brasileiros oscilavam, entre uma e outra dessas teorias e suas interpretações, sem preocupação maior com um pensamento que fosse além da repetição, além do marco estreito de cada teoria, e além dos modelos, tentando captar toda a dimensão da realidade que dizia explicar.

A realidade mostrou que os intelectuais formados presos às teorias tradicionais estão sem competência para formular novas idéias para o futuro do país. O saber modernizador tem que estar livre das armadilhas: ser capaz de pensar em vez de apenas teorizar dentro de pensamentos paradigmáticos tradicionais e formular esses pensamentos em sintonia com a realidade local.

Não há modernidade possível no saudosismo às propostas da visão "antropofágica", até certo ponto isolacionistas, dos anos 20, muito menos nas visões ainda mais antigas e alienígenas das teorias importadas a partir dos anos 50. O grande desafio de uma nova modernidade é sair dos blocos teóricos formados nos preconceitos e no maniqueísmo, separados em certezas estanques e desvinculadas do real. A realidade já mostrou que se rebela e se diverte em desmentir os modelos formulados a partir de bases teóricas importadas de realidades diferentes. Em todas as tendências políticas, o pedantismo dos eruditos repetidores de teorias estrangeiras já foi de tal forma desmoralizado pelas sucessivas ondas de revolução do real contra as abstrações teóricas formuladas em seu nome, que o papel atual dos intelectuais está em revolucionar as idéias, aproximando-as do real fantástico que parece ser o nosso, quando observado à luz dos modelos importados. Isso apresenta o desafio de assumir modéstia diante da própria ignorância e de enfrentar a aventura de reaprender, de correr o risco de errar tentando dar explicações diferentes das tradicionais, mesmo parecendo ridículo ao estabelecimento intelectual, sobretudo o acadêmico.

O desafio não será facilmente enfrentado, em razão da formação do atual intelectual brasileiro, com aversão à modéstia e à aventura do pensamento. A primeira, natural em um país com reduzido número de pessoas com educação. A segunda, decorrente da dependência, que cria um mimetismo em relação às metrópoles do pensamento, e do academicismo, que nos leva a preferir uma carreira de repetidores a uma de desbravadores do pensamento. A necessidade de sobrevivência e o desejo de uma carreira dificultam o espírito da aventura do pensar livre, diante do conservadorismo das academias, que condenam seus membros a um bom comportamento.

A alternativa não está em um incompetente chauvinismo intelectual. Ao contrário, trata-se até mesmo da modéstia de imitar os europeus e norte-americanos, no esforço de entenderem a realidade de seus países com teorias próprias. Sem deixar que o aprendido dificulte o conhecimento do novo. Sobretudo, sem tentar forçar o real a ajustar-se às teorias aprendidas.

Com uma postura intelectual de assumir o risco de formular suas próprias explicações, com uma permanente luta contra a tentação de simplificar o real, com a consciência de aceitar o que parece irreal diante dos olhos estrangeiros, o intelectual brasileiro poderá cumprir o desafio que se coloca hoje diante dele. E pode assim dar uma contribuição ao pensamento universal maior do que através do detalhamento das teorias estrangeiras. Como fizeram os escritores, ao criarem uma escola capaz de explicar o fantástico do nosso realismo, através do realismo fantástico. Em vez de caírem na tentação de aplicar o racionalismo do realismo europeu do século XIX para descrever o mundo que parece irracional na forma como vive a população latino-americana, ou utilizar o surrealismo do existencialismo em crise na Europa para uma crise diferente do Terceiro Mundo.

Ao enfrentarem a aventura de pensar o Brasil com olhos de brasileiros, como no passado alguns fizeram, nossos intelectuais, além de ajudarem a entender e mudar o país, ajudarão a formar um pensamento novo, o que os europeus e norte-americanos não farão com tanta facilidade, por falta de motivação ou por vício de terem o pensamento preso à realidade passada. Esse novo pensamento não surgirá apenas da lógica fria dos métodos lineares ou dialéticos, mas também de uma profunda intuição que decorre da vida, da cultura, da imersão no mundo onde nascemos e crescemos, ao lado das crises. Além dos olhos e da razão, o intelectual brasileiro deve usar o sentimento próprio da cultura brasileira na formulação de suas idéias, visando não apenas reformular os pensamentos, mas também inventar até mesmo novas formas de pensar.

De uma forma especial, devem ser vistos aqueles criadores cujo compromisso vai além do nacional e do presente, que são os artistas, os cientistas nas áreas puras do conhecimento e os filósofos. Nestes casos, o compromisso modernizador deve estar livre do imediato e do local, sintonizado apenas com o projeto mais amplo de toda a humanidade, para o que a única expectativa deve ser com a qualidade que caracteriza o ineditismo.

A LINGUAGEM MODERNA

Até os anos 40, grande parte do teatro brasileiro falava com sotaque português. A partir do final dos anos 60, um teatro novo, sobretudo de jovens, procurou se aproximar da população, nos temas, na linguagem e mesmo nas praças. Não durou mais do que alguns anos. O teatro logo voltou ao teatro, e à minoria. Mesmo com qualidade, fechou-se para o reduzido público da elite. Os atores, diretores, escritores, mesmo quando críticos, assumiram o isolamento da apartação cultural, à exceção das telenovelas, que atingem e agradam ao grande público, mas com contos de fadas, sem vínculos existenciais ou sociais com a realidade da maioria. Mesmo os desfiles carnavalescos ficariam apropriados pela minoria dos camarotes, não fosse o trabalho da televisão.

Por mais vanguardista que seja, essa não é uma linguagem moderna. É mais arcaica do que os dramas dos mitos gregos, situados em contexto em que o povo, à exceção dos escravos, deles participava.

Esse isolamento não é exclusivo do teatro. A literatura, mesmo quando descobre o povo como tema, se isola dele como sujeito. A pintura e a escultura brasileiras, diferentemente do que ocorreu com a Europa, a partir do século XIX, e de muitos países do Terceiro Mundo, como o México, ficaram restritas, nos temas, nos estilos e nos usuários, aos gostos da minoria. Ainda mais que elas, a arquitetura, que tem um fundamental papel utilitário, foi isolada quase que de forma absoluta da realidade nacional: dos gostos, dos recursos e sobretudo das necessidades da habitação. Os arquitetos brasileiros, salvo raras exceções, caíram no discurso da modernidade importada, onde os donos da habitação deixaram de ser habitantes. A arquitetura passou a ser um veículo na corrida modernista, definida pela capacidade de ousar as formas permitidas pelos novos materiais, o concreto, o vidro, os compressores de ar condicionado.

Com exceção da "música popular", a arte brasileira ficou isolada e dependente do apoio e dos instrumentos do autoritarismo, portanto arcaica.

Não apenas a arte. Nenhum setor da linguagem ficou mais arcaico do que a esotérica linguagem da economia e da sociologia, que estudavam o povo sem qualquer comunicação com a população, mesmo com os instruídos que não fizessem parte de um seleto grupo de especialistas. Diferentemente dos textos dos grandes mestres, a partir dos anos 70 os cientistas sociais passaram a falar uma linguagem ininteligível, inclusive entre eles. Os físicos fizeram mais esforços que os economistas para serem entendidos pela população. Em nome da modernidade, a linguagem passou a ser feita por números de estatísticas imperfeitas, arrumados sob modelos que nem de longe se aproximavam da realidade. Em vez da palavra, a terminologia; em vez de parágrafos, tabelas; em vez de referências a imagens do universo cultural, pés-de-páginas sobre textos exclusivos. A forma passou a ser mais importante do que o conteúdo. A linguagem moderna transformou-se em monólogo e silêncio.

Em muitos casos, usando uma falsa neutralidade, que além de incompetente isolava ainda mais a ciência em relação ao seu objeto de estudo. A linguagem neutra foi usada como camuflagem para evitar compromissos éticos. Ao ser neutra, a economia se transformava em instrumento de explicação e legitimação das imperfeições éticas da sociedade. Servia para castrar o poder de indignação de parte dos intelectuais que optavam por essa área do conhecimento.

A nova modernidade vai exigir um esforço em direção a uma linguagem inteligível, agradável, e, se possível para o autor, bonita. Não significa fazer concessões populistas, mas, sobretudo, não fazer concessões ao arcaísmo do isolamento. Mesmo que usando a base acadêmica, sem a qual as análises podem cair no vazio. A moderna arquitetura será aquela que ajude a encontrar solução para os problemas da habitação da população brasileira, atendendo a suas necessidades, em acordo com seus gostos e valores culturais, em sintonia com os recursos naturais, as características do meio ambiente e, especialmente, com a disponibilidade de recursos.

Qualquer texto comprometido com a modernização real deve ser um exercício de modernização da linguagem, levando-a a um compromisso com os propósitos éticos da modernidade. Isto significa usar as bases teóricas existentes, avançando na formulação de novas idéias e teorias, mas também no número dos que as entendem, discutem, contestam. Fazendo da ciência um instrumento de denúncia do velho eticamente arcaico e de formulação do novo conceito de modernidade, submetido a princípios e valores éticos.

Isso não quer dizer que os intelectuais brasileiros devam se isolar do resto do mundo. A arte não deve ter nacionalidade. A arte brasileira é parte do mundo, exatamente por ser brasileira. Mesmo quando isolada de seu povo, desde que integrada diretamente no cenário internacional. Neste caso, porém, para justificar sua contemporaneidade, ela deve ser não apenas internacionalizada, mas também estar na frente, pelos padrões internacionais que ela optar. Se tiver qualidade para estar na frente do mundo, a arte de qualquer país estará sintonizada com o futuro e portanto com a modernidade de seu povo. Ainda quando a maioria não a entenda.

O que não pode ser respeitado é a linguagem que se isola internamente pela falta de compromisso com os valores de seu povo, nem conquista a qualidade do mundo. Ao escrever para o mundo, Borges foi um escritor argentino moderno, ainda que seu público não tivesse sido argentino. Foi moderno, porque o mundo reconheceu. Mas raros pintores surrealistas da América Latina pintaram de maneira criativa em relação ao mundo. Por isso são mais modernos os primitivos, que criaram estilo novo.

Mais grave do que o arcaísmo da linguagem dos cientistas sociais e das artes é a linguagem dos políticos. A direita continua presa ao cinismo de uma linguagem eleitoral populista, sem qualquer vínculo com os compromissos reais. A mentira faz parte do discurso eleitoral, capaz de ser totalmente negado desde o primeiro dia de exercício do poder. A esquerda não se liberta de uma racionalidade importada, sem sintonia com a emocionalidade e o sincretismo da forma como o povo sente. Como conseqüência, pratica uma linguagem que, além de ininteligível, transmite a idéia de ódio aos que estão no poder, sem transmitir um sentimento de amor e preocupação real pelo povo.

Ambos os grupos não parecem entender, salvo para fins eleitoreiros, que a crise e o futuro vão exigir uma linguagem mais comprometida com a ética e com a comunicação com as massas do que com os velhos chavões políticos.

A NOTÍCIA MODERNA

Os anos 70 são vistos como aqueles em que a imprensa brasileira deu seu salto para a modernidade. A escrita implantou sistemas de composição e de impressão equivalentes aos melhores do mundo. O rádio e a televisão integraram o país, oferecendo alternativas técnicas em níveis de refinamento que continuam sendo privilégios apenas de alguns países. Nesse mesmo período, a imprensa perdeu a liberdade de opinião e as notícias foram manipuladas, por determinação ou conivência.

Por isso, a década de 70 foi um período de retrocesso na modernização dos meios de comunicação de massa, porque foram anos de obscurantismo, mesmo que coloridos, computadorizados e em cadeia nacional.

A modernização real da imprensa está, em primeiro lugar, na verdade das informações e na pluralidade das opiniões. Secundariamente é que ela tem a ver com os instrumentos utilizados para divulgar essa verdade e essa pluralidade. Uma imprensa que disponha de liberdade de opinião e compromisso com a verdade, mesmo que pobre nos instrumentos técnicos, é mais moderna do que a mais refinada tecnologicamente nas presas da censura e dos preconceitos. O que deve ser buscado é levar adiante a modernidade, com uma imprensa refinada na tecnologia, pondo os meios técnicos de que dispõe a serviço da verdade e da pluralidade.

O Brasil já dispõe dos meios, falta apenas um processo que liberte esses meios, para que sirvam aos propósitos modernizadores. Não se trata de retirá-los das mãos privadas que manipulam arcaicamente, para pôr sob o controle do Estado que manipulará, também arcaicamente. Não se trata de criar controles, mas sim de eliminar os controles atuais do monopólio e das vinculações da propriedade dos meios que transmitem as notícias e as opiniões. Eliminar também o maniqueísmo que leva muitos jornalistas a confundirem a verdade com a verdade de cada um deles, seus interesses políticos e partidários. Criar os mecanismos que promovam a liberdade, como há muito já foram criados em outros países, trazendo e adaptando aqueles instrumentos que correspondam à modernidade que interessa.

A MODERNIZAÇÃO RESPEITA AS ESPECIFICIDADES

Entre os grandes paradoxos da história da modernização dos países do Terceiro Mundo, está a sistemática de como foi tentado unificar as culturas, internacionalmente e dentro dos países, enquanto se dividiam e segregavam as sociedades, internacional e nacionalmente. Ao mesmo tempo que implantavam a apartação econômica, social e racial, os países do Terceiro Mundo buscavam destruir as culturas locais. Dividia-se a sociedade unificando as culturas. Forçando, muitas vezes violentamente, a forma de ver e representar o mundo, os desejos e os objetivos dos diversos grupos nacionais.

Esse comportamento corresponde à visão ufanista e eurocêntrica que prevalece desde a revolução industrial. Nas últimas décadas, a crítica a essa visão faz com que a nova modernização exija um total respeito às especificidades de cada grupo social. Se observamos o discurso dos que falam na modernidade tradicional, percebe-se a falta de consciência das novas exigências no final do século, com o respeito às minorias e aos direitos culturais, sem hierarquia, de cada povo; onde a integração não deve provocar uma diluição das especificidades de cada grupo cultural. Um exemplo disso é a intolerância e o ufanismo na integração forçada pela moderna televisão nacional, que se transforma no palco onde um pequeno pedaço da cultura nacional se afirma como o único representante da forma como o conjunto do país deve pensar, imaginar e viver.

O Brasil é um dos melhores exemplos desse processo paradoxal. Enquanto caminha para a apartação social, tenta difundir a partir de um núcleo central na elite, as culturas que são cópias das sociedades metropolitanas, procurando destruir todas as demais formas. Essa destruição é considerada como eliminação de freios à modernização.

Em uma sociedade múltipla, a maioria da população é necessariamente composta pela soma de interesses específicos de suas minorias. Uma nova modernidade deve assumir que os interesses culturais de cada minoria devam ser respeitados integralmente, como parte da realização do objetivo de um enriquecimento global da população.

Isso exige uma postura diferente da atual no que se refere à definição de objetivos sociais, respeitando as especificidades culturais de cada região e grupo. Impõe, sobretudo, uma política cultural e de difusão que respeite integralmente essas características específicas e o destino que cada cultura deva tomar, sem submeter-se aos privilégios que beneficiam aquelas que copiam os modelos estrangeiros e dos grupos economicamente mais dinâmicos.

A verdadeira modernidade seria aquela em que o país estivesse integrado por uma magnífica rede de telecomunicações, mas onde cada pedaço de nossa cultura pudesse ter acesso a esse palco e expor sua especificidade ao resto do país, sem hierarquia, sem predominância, nem dominação.

Para isso, é necessário não apenas abolir a pobreza, que representa o maior de todos os preconceitos, mas também todas as demais formas de segregação, respeitando-se o que já prevê a nova Constituição — nenhuma forma de preconceito religioso, racial, ideológico, estético, sexual, deve ser tolerada. Cada minoria deve ter o direito de existir e defender suas características, dentro do conjunto da população brasileira.

A PRIMEIRA CONDIÇÃO PARA A MODERNIZAÇÃO É O ATENDIMENTO DAS NECESSIDADES BÁSICAS PARA TODOS E A BUSCA DA IGUALDADE ENTRE OS INDIVÍDUOS DO PAÍS

O Brasil apresenta um quadro dramático de degeneração social, decorrente da desigualdade com que se distribui o produto econômico. O mais grave desse quadro é a forma desigual como se reparte a renda nacional entre os trabalhadores e os donos do capital. Ao mesmo tempo que é recordista mundial na mortalidade infantil, o Brasil é também campeão mundial na taxa de lucro das suas empresas. Esses dois recordes não são coincidência; mas causa e efeito.

Os dados sobre a concentração da renda brasileira chocam ao mundo inteiro. Apenas um por cento da população (650 mil pessoas, subtraindo-se as crianças) dispõe de 17,3% do total da renda nacional; 5% da população dispõem de 39,4% da renda; 10% dispõem de mais da metade, 53,2%, da renda. Portanto, 90% da população mais pobre dispõem de menos da metade da renda; menos do que os dez por cento mais ricos. A situação é ainda mais gritante quando se observam os níveis mais pobres da sociedade: os dez por cento mais pobres contam com apenas 0,6% da renda nacional. Isso significa que os dez por cento mais ricos têm uma renda 89 vezes maior do que os dez por cento mais pobres. Cada um dos 650 mil mais ricos recebe 290 vezes mais do que cada um dos mais pobres.

Nenhum país contemporâneo tem uma concentração equivalente.

Entre os assalariados, apenas 3,2% recebem acima de 20 salários mínimos (1,9 milhão, entre 60,6 milhões de pessoas ocupadas), 5% recebem entre 10 e 20 salários mínimos. A metade dos trabalhadores (29,4 milhões) ganha menos de dois salários mínimos.

Essa realidade não se formou espontaneamente. Diferentemente da desigualdade nos séculos anteriores, ela é fruto da engenharia macroeconômica aplicada para realizar a arcaica modernização das últimas décadas. A desigualdade tem sua lógica na eficiência econômica. A idéia de que o crescimento levaria a uma tendência à igualdade não tem se verificado nos países da América Latina. As últimas décadas mostraram que, se a economia estiver interessada apenas no curto prazo, a concentração é mais dinâmica economicamente do que a distribuição. Os produtos suntuosos, para altas rendas, têm um impacto mais efetivo na economia do que os produtos que atendem à demanda dos marginalizados ou assalariados de baixa renda. A tentativa de justificar a distribuição da renda em termos economicistas foi desmentida pela realidade do crescimento durante o regime autoritário e concentrador.

A distribuição da renda é uma decisão ética e política. A redução de desigualdade só ocorre quando passa a ser um objetivo em si, subordinando-lhe as decisões econômicas.

A distribuição não é uma questão de instrumentos. É uma questão de objetivos. O que justifica a distribuição é o desejo ético de uma harmonia social, é o projeto político da democracia e é a visão de longo prazo, três fatores que têm estado excluídos do discurso economicista.

Muitos economistas criticam a concentração, mas insistem em modificar esse quadro por meio de uma engenharia econômica, com base em salários e preços. Nada indica que isso seja possível no atual quadro social e produtivo brasileiro. A distribuição via salários não beneficiará a parcela mais pobre, que não dispõe de emprego fixo. Fará com que a maior parte dos beneficiários seja provisória, devido à rotatividade dos empregos. Limitará a distribuição entre os participantes do sistema, excluindo, portanto, os mais pobres.

Mesmo que fosse possível uma elevação dos salários mais baixos, sem um desemprego e sem uma elevação ainda maior dos salários altos, ela provocaria, ao menos por algum tempo, uma disputa por bens, especialmente alimentos, com um conseqüente aumento de preços. Embora tudo indique que o Brasil tem como rapidamente aumentar a oferta interna de alimentos e de quase todos os bens industriais, isto só se fará se, ao lado do aumento salarial das camadas mais pobres, for feita uma reforma na estrutura agrária, for enfrentado o problema da dívida externa e forem ajustadas todas as políticas de incentivo à agricultura.

Nenhuma sociedade resiste coesa, se suas partes estiverem segregadas.

Quando se observam o grau de violência e todos os atritos sociais do Brasil de hoje, percebe-se que a sociedade já atingiu o nível máximo de tolerância. A opção pela continuação da concentração já demonstra exigir um quadro legal e real de apartação social nos moldes da África do Sul. A busca de distribuição é uma opção pela justiça e harmonia, e não pela dinâmica econômica. Ela deve ser enfrentada, portanto, mesmo que isto venha a significar uma redução no nível de crescimento econômico em benefício do aumento da harmonia social.

O caminho não está apenas nos salários, mas sobretudo na distribuição da propriedade da terra, assegurando o acesso de todos ao trabalho e à produção, desde que essa distribuição não tenha um efeito negativo sobre a oferta de alimentos para o mercado interno. Mas o maior instrumento distributivo está na garantia dos serviços sociais que incorporem os marginalizados em uma nova forma de modernidade: a universalização do atendimento médico e da escola integral, o saneamento, a construção de habitações populares, ao lado de um ambicioso programa de emprego que não deixe nenhum brasileiro adulto sem uma fonte de salário.

Isso virá de um governo com suficiente credibilidade para propor e receber apoio ao projeto nacional de reorientação da modernidade do Brasil.

O enfrentamento do problema vai exigir de qualquer governo:

— iniciar o programa distributivo tocando nas grandes fortunas, nas rendas especulativas, cuidando de não ferir o nível de investimento que a própria distribuição exigirá para a produção dos novos bens;

— deixar claro que a distribuição de fortunas e rendas não distribui consumo, o que levará à necessidade de reduzir também o consumo de parcelas que não se compõem dos muito-ricos nem dos ricos, mas também dos quase-ricos;

— incluir nessa visão distributiva a percepção de que a maior parte da pobreza se localiza nos bolsões do Norte e do

Nordeste, o que exige uma política de reordenamento espacial da economia, sem confundir o conceito de social com o de regional, uma vez que nas regiões pobres há fortunas e rendas tão elevadas quanto nas regiões ricas;

— manifestar que a distribuição terá não apenas o efeito de criar uma sociedade mais harmônica e a longo prazo mais estável e dinâmica, mas também que a redução do consumo se dará com uma elevação no nível de vida, graças à estabilidade e à segurança;

— fazer com que as mudanças no perfil da demanda sigam um cronograma compatibilizado com os resultados de medidas e incentivos, que estimulem a oferta dos bens e serviços compatíveis com esse perfil novo, evitando-se, assim, o desemprego e uma inflação de preços, localizados exatamente entre os novos consumidores.

Esse desafio não será fácil. Certamente será mais difícil do que o desafio da dívida externa, da inflação e outros que uma grande parte dos economistas acostumou a população brasileira a ver como os seus únicos problemas. Os problemas da dívida e da inflação contam com o apoio de parte da elite dos consumidores. A distribuição da renda não contará. Quando as massas passarem a disputar acesso a produtos como alimentos e vestuário, ou brinquedos infantis, quando a indústria tiver de reorientar sua atual capacidade instalada e seus investimentos para novos produtos destinados às grandes massas, quando elas penetrarem em espaços reservados, como os consultórios médicos e hospitalares, as praias, os cinemas, os teatros, as escolas, junto aos filhos dos ricos, ferindo um privilégio de cinco séculos, uma verdadeira rebelião das elites, talvez silenciosa, certamente encabulada, mas poderosa, começará a boicotar os procedimentos distributivos. Essa reação será ainda maior nas camadas dos quase-ricos. Os verdadeiros ricos não serão afetados no consumo, porque terão renda suficiente para importações contrabandeadas, para acesso a um mercado negro. Mas as camadas médias, viciadas e ansiosas por ampliar o consumo, não aceitarão reduzi-lo. Depois de décadas de identificação entre progresso e consumo, e de décadas de ascensão de uma parcela da população aos benefícios desse consumo, qualquer política distributiva enfrentará grandes resistências.

A MODERNIZAÇÃO NÃO DEVE SER VISTA COMO SINÔNIMO DE CONSUMO

Se se deseja uma distribuição com democracia, o grande desafio está em incorporar as massas aos benefícios econômicos, sem perder o apoio político de uma parte importante das elites privilegiadas.

Em um regime democrático, o governo terá de ser capaz de captar o apoio dos beneficiários diretos da distribuição sem perder o apoio de camadas de privilegiados, mesmo que estes percam parte dos privilégios. Caso contrário, certamente fracassará diante do conservadorismo real dessas classes.

A solução dessa difícil equação está em diferenciar o conceito de *nível de consumo* do conceito de *nível de vida*. O sacrifício no nível de consumo, quando for necessário, terá de vir acompanhado de uma elevação no nível de vida, graças à solução de problemas que hoje desgastam a qualidade da vida de todos os brasileiros, inclusive das elites.

Até recentemente essa separação era impossível. A sociedade industrial havia arraigado na consciência coletiva do mundo a idéia de que o objetivo civilizatório consistia na constante ampliação do consumo *per capita*. Talvez esteja na atual degradação do nível de vida a esperança de uma alternativa. Ao perceber que apesar do consumo não vive bem, uma parte da minoria privilegiada começa a perceber a necessidade de reduzir o seu consumo em troca de elevar seu nível de vida.

A realidade das últimas décadas mostra as limitações do consumo, tanto ao nível da impossibilidade natural, quanto aos níveis ideológico e político. Ao nível natural, os trabalhos de crítica à sociedade industrial e os estudos ecológicos já permitem dúvidas sobre as possibilidades do crescimento ilimitado. Ideológico: a insatisfação e a desigualdade das sociedades caracterizadas como modernas forçam a busca de alternativas. Politicamente, a constatação de que o crescimento ilimitado exige concentração do consumo em apenas uma minoria.

No caso de países como o Brasil, a propagação da idéia de um bem-estar alternativo, que não dispense o consumo mas não se limite a ele, é o passo para a criação de uma base de apoio para a implantação de uma nova modernidade.

Esse processo já está em marcha, graças especialmente à crise que vive o atual projeto de modernidade e às óbvias manifestações dos custos ecológicos e sociais. A queima da Amazônia e a violência urbana provocam em toda a sociedade uma dúvida sobre a viabilidade de continuar a execução do que já parece como suicida projeto social. A insegurança, a vergonha, o medo, a percepção da inviabilidade, o custo de manter os atuais níveis de consumo estão propiciando um desejo de propostas alternativas. A classe média, a rica e a quase-rica começam a perceber que elevarão seu bem-estar se dispuserem de uma escola pública grátis e de qualidade, de um serviço médico competente e acessível, de uma harmonia social que lhes permita desfrutar dos benefícios sociais. Mesmo que para isso sejam obrigadas a reduzir certos consumos e vícios característicos do subdesenvolvimento de nossa modernização atual.

OS RECURSOS MODERNIZADORES

Felizmente, a crise atual é do tamanho suficiente para exigir uma reorientação do projeto de nação. A insatisfação que se localizava, por quatrocentos anos, na maioria pobre, atingiu os níveis de renda superior. Percebe-se em toda a sociedade um desejo de reorientação dos rumos da modernização.

O empecilho maior, na formulação, de um novo rumo viável está na consideração dos recursos disponíveis e nos custos que a distribuição provocará. Graças à gravidade da crise — a perda no consumo e na segurança nas cidades — é possível dispor-se de um quadro em que os sacrifícios sejam compensados pelas vantagens de uma sociedade menos arriscada e mais harmônica, com ganhos para quase todos.

Uma análise preliminar dos recursos disponíveis pelo país permite constatar que a solução dos problemas básicos da população não representa sonhos hipotéticos nem exige sacrifícios excepcionais. Para isso, a nova modernização tem que modernizar o conceito de recursos. Criou-se uma armadilha onde os recursos para o setor social se limitam aos recursos financeiros governamentais.

Nessas condições, um programa educacional abrangente é negado em função de que o Estado não dispõe de receita suficiente. Uma análise moderna deve romper com essa prisão. A análise de uma proposta de modernização alternativa tem que se basear nos recursos reais, longe da armadilha financeira. Os recursos devem ser vistos em sua globalidade. Um programa educacional, como de saúde ou de habitação, deve ser visto em relação com o potencial global da sociedade nacional. O Brasil dispõe de todos os recursos reais em pessoal, em capacidade industrial, infra-estrutura instalada e competência administrativa, que mobilizados podem superar a indigência em todas as áreas. Dispõe também de recursos naturais, especialmente terra, capazes de ampliar a produção nacional de todos os bens, sobretudo aqueles voltados para a alimentação.

Não se pode, porém, ignorar a realidade fiscal de uma sociedade em que a população rica se acostumou a dispor de elevado nível de consumo. A mobilização dos recursos reais exige, como em qualquer país moderno do mundo, uma radical distribuição dos recursos improdutivos, especialmente a terra, e do capital financeiro especulativo. Exige também uma reforma fiscal através da qual o Estado disporá dos meios para mobilizar os recursos reais.

Essas reformas tocarão não apenas nos interesses da propriedade, como também nos níveis de consumo de uma parte da população das classes ricas, quase-ricas e mesmo média. Os vícios de uma elite consumista e ainda escravocrata representarão dificuldades a qualquer reforma.

Mesmo a população assalariada se dividirá, através de sindicatos, entre os que desejarão as mudanças e aqueles que já compõem a parcela privilegiada da economia e que esperam ascender a níveis maiores de privilégios. Muitas das lideranças sindicais estarão prisioneiras do curto prazo, do monetarismo e do corporativismo, despreparadas para entender o jogo da distribuição que não se limite aos salários e que vise beneficiar as parcelas marginalizadas. Tampouco os partidos e os eleitores estão preparados para um enfoque não economicista. Por isso, a maior dificuldade da distribuição estará na credibilidade política da liderança que desejar enfrentar este desafio. E é para dar essa credibilidade, além das razões técnicas, que a distribuição não poderá deixar de começar pela propriedade e pela fortuna dos muito-ricos.

Mas a dimensão da crise e as alternativas que se abrem diante de um novo quadro podem permitir a base de apoio suficiente para um projeto que vise uma modernização real. As classes consumidoras serão compensadas muito rapidamente pelas vantagens de uma sociedade com nível de vida superior, dado por sistemas públicos, educacional e de saúde, gratuitos e de qualidade; por uma sociedade sem os riscos sociais nem a violência do presente. Os setores do capital produtivo podem compensar os custos de uma reforma fiscal, com as vantagens da estabilidade social e mesmo com elevação no montante de lucros nos setores sintonizados com as reformas, e com a nova demanda.

O risco maior da sociedade brasileira democrática é de que propostas fascistas, de apartação social, se adiantem àquelas que permitam a construção de uma verdadeira modernização. Empolguem as minorias privilegiadas e sejam implantadas, outra vez, por meio de um autoritarismo. Nesse caso a concentração será ainda maior. O número dos beneficiários será reduzido. Uma grande parcela será expulsa e marginalizada, e não haverá outra esperança, até o momento em que nova crise de dimensões imprevisíveis tome conta da sociedade brasileira.

As nações não cometem suicídio, nem aceitam estagnação, depois que ingressam na dinâmica da revolução industrial. Mesmo quando seu povo se flagela em violências por longos períodos, como é o caso da África do Sul e do Brasil, antes de encontrar um novo rumo capaz de empolgar a maioria expressiva da população.

No Brasil esse rumo terá que atender aos interesses da maioria. Uma violenta luta de classes já se manifesta nas ruas das cidades brasileiras. Os ricos e quase-ricos vêem cada pobre como um possível violentador da ordem; os pobres e quase-pobres vêem os consumidores como esbanjadores de direitos alheios. Os primeiros se defendem violentando a sociedade, se apartam da maioria, fogem e se isolam em condomínios, ruas fechadas, *shopping centers*, protegem-se com elaborados equipamentos e serviços de vigilância. Os demais, pouco a pouco, passam a assumir a violência pessoal como caminho da sobrevivência, a delinqüência individual contra a delinqüência política e econômica, exercem o poder individual para compensar a fragilidade social.

Essa batalha ególatra se transformará em uma luta ideológica pela riqueza econômica, pelo uso dos recursos nacionais e pela definição dos propósitos da modernização. A longo prazo é impossível impedir que os interesses da maioria tenham que ser respeitados. Embora seja imprevisível definir o tempo, o custo de manter a apartação cria deseconomias, provocando custos à própria minoria privilegiada, como ocorreu na África do Sul.

Apesar da deseducação e ambição de uma elite que até recentemente era escravocrata, tudo indica que a atual estrutura social brasileira já apresenta custos extremamente elevados para todos, inclusive os privilegiados. Até uma certa idade o reformismo social era característica do idealismo, depois o resultado de convicções, agora é, também, um ato de lucidez, na luta pela sobrevivência e pelo interesse próprio. Ao perceber que a desigualdade já provoca prejuízos aos privilegiados, a sociedade começa a caminhar para a definição de um novo rumo.

O caminho pode ser muito violento, como foi o caso dos EUA, na abolição da escravatura, do Vietnã na sua libertação; ou menos violento, como foi o caso dos países nórdicos, na passagem para a social-democracia. Podem ser mais destrutivos da estrutura socioeconômica, como foi o caso de Moçambique, ou menos destrutivo, como está sendo o caso do Zimbábue.

O Brasil é um dos países que ainda pode construir sua modernidade sem uma guerra civil e sem a destruição do que foi construído até o momento.

A destruição dos sistemas de educação e saúde já atinge os interesses das classes médias. A perda do poder aquisitivo vem reduzindo o nível dos privilégios de uma grande parte dessas classes. As medidas distributivas e os investimentos sociais já interessam à quase totalidade da população. O grau de sacrifício da minoria já é reduzido diante dos benefícios de atender aos interesses da maioria, salvo daqueles setores cujos preconceitos e privilégios são incompatíveis com o mínimo de dignidade social.

O custo de reorientar a infra-estrutura e o parque produtivo está dentro dos níveis de recursos financeiros e científico-tecnológicos de que o país dispõe.

O caminho da modernização é inevitável. O que está em jogo hoje, no Brasil, é como conduzi-lo, tentando fazer com que ocorra da forma mais eficiente, digna e ética, e ao menor custo político e humano.

Este texto se propõe apenas iniciar um debate. Desmistificar o arcaísmo da proposta de modernização em execução, e oferecer linhas gerais para uma alternativa. A continuação está na reformulação e no detalhamento das propostas. Cada item apresentado é sujeito a análise crítica, reformulação e sua transformação em instrumentos reais de execução, através de um conjunto de medidas que modifiquem o funcionamento do Estado, a estrutura e o uso da propriedade e dos recursos nacionais, que redefina os objetivos e domestique os meios tecnológicos à mobilização da energia vital e natural de que dispõe o país, e que reoriente o próprio comportamento da sociedade.

Tudo passa, porém, pela redefinição do conceito de modernidade que se deseja e é viável para o país.

O FUTURO DA MODERNIZAÇÃO: UMA MODERNIZAÇÃO SEM MEDO DO FUTURO

O futuro da modernização não deve estar apenas na solução dos problemas sociais imediatos. A estratégia de modernização não pode, por isso, limitar-se ao enfrentamento desses problemas.

O futuro deve ser capaz de incorporar, sem medo, o uso das mais refinadas técnicas; a incorporação da nação no conjunto da comunidade internacional; um nível de consumo que, sem racionamentos e sem medo do mercado, vá muito além do atendimento das necessidades básicas; a construção de um mundo livre não apenas da luta pela sobrevivência, mas até mesmo do trabalho; onde a liberdade seja realizada, inclusive ao nível da iniciativa privada a serviço dos interesses globais, com a constante ampliação do patrimônio cultural da humanidade. As estratégias modernizadoras devem levar em conta esse horizonte mais distante, desde que sua realização não negue hoje o que se deseja para amanhã.

A construção do futuro exige não temê-lo.

O colapso da atual forma de modernidade, longe de ser visto com pessimismo, deve ser encarado como o primeiro passo necessário na modernização da modernização. A geração que enfrenta esse colapso deve transformar sua tragédia pessoal em realização existencial pela chance de luta para formular e construir a nova modernidade do país.

Se o pessimismo se agravar a ponto de fazer parecer que o mundo se acabará nos próximos dois dias, a tarefa da atual geração será gastar o primeiro dia procurando alternativas para a nova modernização, e o segundo tentando divulgar, reformular e executar as novas propostas. Com o sentimento de que a aventura de pensar e reformular o Brasil já é parte do processo de sua modernização.

Foi com esse sentimento que este texto foi escrito. Com a convicção de que ainda é possível reorientar a tragédia da modernização futura do Brasil; e com o prazer de utilizar o presente na aventura dessa busca.

IMPRESSÃO E ACABAMENTO